HISTOIRE

DU

COUP-D'ÉTAT

DANS LE DÉPARTEMENT

DE LA HAUTE-GARONNE

(1851-1852)

D'APRÈS LES DOCUMENTS OFFICIELS ET AUTHENTIQUES

RECUEILLIS ET MIS EN ORDRE

Par Alphonse BREMOND

Suivie de la composition des Commissions mixtes
de la Haute-Garonne, de l'Ariége, de Tarn et Tarn-et-Garonne
et des listes des proscrits,
exilés, internés, surveillés, etc., desdits départements.

TOULOUSE

TYPOG. HÉBRAIL, DURAND & Cᵉ, ÉDITEURS
5, Rue de la Pomme, 5

1870

HISTOIRE

DU COUP-D'ÉTAT

DANS LE

DÉPARTEMENT DE LA HAUTE-GARONNE

(1851-1852)

A M. Alphonse Bremond, à Toulouse.

Le 2 avril 1867.

Monsieur,

Je vous remercie de l'envoi de votre *Histoire de l'Election municipale de 1865.*

Je voudrais que votre exemple fût suivi et qu'on en appelât, plus souvent qu'on ne le fait, à la publicité; mais il nous arrive à tous de gémir au lieu d'agir.

Agréez, je vous prie, avec mes remerciements, l'assurance de ma haute considération.

Jules SIMON.

Place de la Madelaine, 10, à Paris.

AVANT-PROPOS

UNE PAGE D'HISTOIRE

I

LE PARJURE

Le jeudi 20 décembre 1848, l'Assemblée constituante, entourée en ce moment-là d'un imposant
déploiement de troupes, étant en séance, à la suite
d'un rapport du représentant Waldeck Rousseau,
fait au nom de la commission chargée de dépouiller
le scrutin pour l'élection à la présidence de la République, rapport où l'on avait remarqué cette phrase
qui en résumait toute la pensée : « C'est le sceau de
« son inviolable puissance que la Nation, par cette
« admirable exécution donnée à la loi fondamentale,
« pose elle-même sur la Constitution pour la rendre
« sainte et inviolable. » Au milieu du plus profond
silence des neuf cents constituants réunis en foule

et presque au complet, le président de l'Assemblée nationale constituante, Armand Marrast, se leva et dit :

« Au nom du Peuple français,

« Attendu que le citoyen Charles-Louis-Bona-
« parte, né à Paris, remplit les conditions d'éligibi-
« lité prescrites par l'art. 44 de la Constitution ;

« Attendu que, dans le scrutin ouvert sur toute
« l'étendue du territoire de la Répulique pour l'élec-
« tion du président, il a réuni la majorité absolue
« des suffrages ;

« En vertu des art. 47 et 48 de la Constitution,
« l'Assemblée nationale le proclame président de
« la République, depuis le présent jour jusqu'au
« deuxième dimanche de mai 1852. »

Un mouvement se fit sur les bancs et dans les tribunes du peuple ; le président de l'Assemblée constituante ajouta :

« Aux termes du décret, j'invite le citoyen pré-
« sident de la République à vouloir bien se trans-
« porter à la tribune pour y prêter serment. »

Les représentants, qui encombraient le couloir de droite, remontèrent à leurs places et laissèrent le passage libre. Il était environ quatre heures du soir, la nuit tombait, l'immense salle de l'Assemblée était plongée à demi dans l'ombre, les lustres descendaient des plafonds, les huissiers venaient d'apporter les lampes sur la tribune. Le président fit un signe et la porte de droite s'ouvrit.

On vit alors entrer dans la salle et monter rapidement à la tribune un homme jeune encore, vêtu de noir, ayant sur l'habit la plaque et le grand cordon de la Légion d'honneur.

Toutes les têtes se tournèrent vers cet homme. Un visage blême dont les lampes à abat-jour faisaient saillir les angles osseux et amaigris, un nez gros et long, des moustaches, une mèche frisée sur un front étroit, l'œil petit et sans clarté, l'attitude timide et inquiète, nulle ressemblance avec l'empereur, c'était le citoyen Charles-Louis-Napoléon Bonaparte. Pendant l'espèce de rumeur qui suivit son entrée, il resta quelques instants, la main droite dans son habit boutonné, debout et immobile sur la tribune dont le frontispice portait cette date : *22, 23 24 février*, et au-dessus de laquelle on lisait ces trois mots : *Liberté, Egalité, Fraternité*.

Avant d'être élu président de la République, Charles-Louis-Napoléon Bonaparte était représentant du peuple. Il siégeait dans l'Assemblée depuis plusieurs mois, et quoiqu'il assistât rarement à des séances entières, on l'avait vu assez souvent s'asseoir à la place qu'il avait choisie sur les bancs supérieurs de la gauche, dans la cinquième travée, dans cette zone communément appelée la Montagne, derrière son ancien précepteur, le représentant Vieillard.

Cet homme n'était pas une nouvelle figure pour l'Assemblée, son entrée y produisit pourtant une émotion profonde. C'est que pour tous, pour ses amis comme pour ses adversaires, c'était l'avenir qui entrait, un avenir inconnu. Dans l'espèce d'immense murmure qui se formait de la parole de tous, son nom courait mêlé aux appréciations les plus diverses. Ses antagonistes racontaient ses aventures, ses coups de main, Strasbourg, Boulogne, l'aigle apprivoisé et le morceau de viande dans le petit chapeau. Ses amis alléguaient son exil, sa proscription, sa prison, un bon livre sur l'artillerie, ses écrits à Ham empreints, à un certain degré, de l'esprit libéral, démocratique et socialiste, la maturité d'un âge plus sérieux ; et à ceux qui rappelaient ses folies, ils rappelaient ses malheurs.

Le général Cavaignac, qui, n'ayant pas été nommé président, venait de déposer le pouvoir au sein de l'Assemblée avec ce laconisme tranquille qui sied aux républiques, assis à sa place habituelle en tête du banc des ministres à gauche de la tribune, à côté du ministre de la justice, Marie, assistait, silencieux et les bras croisés, à cette installation de l'homme nouveau.

Enfin le silence se fit, le président de l'Assemblée frappa quelques coups de son couteau de bois sur la table, les dernières rumeurs s'éteignirent et le président de l'Assemblée dit :

— « Je vais lire la formule du serment. »

Ce moment eut quelque chose de religieux. L'Assemblée n'était plus l'Assemblée, c'était un temple. Ce qui ajoutait à l'immense signification de ce serment, c'est qu'il était le seul qui fût prêté dans toute l'étendue du territoire de la République. Février avait aboli, avec raison, le serment politique, et la Constitution, avec raison également, n'avait conservé que le serment du président. Ce serment avait le double caractère de la nécessité et de la grandeur ; c'était le pouvoir exécutif, pouvoir subordonné, qui le prêtait au pouvoir législatif, pouvoir supérieur ; c'était mieux que cela encore : à l'inverse de la fiction monarchique où le peuple prêtait serment à l'homme investi de la puissance, c'était l'homme investi de la puissance qui prêtait serment au peuple. Le président, fonctionnaire et serviteur, jurait fidélité au peuple souverain. Incliné devant la majesté nationale visible dans l'Assemblée omnipotente, il recevait de l'Assemblée la Constitution et lui jurait obéissance. Les représentants étaient inviolables et lui ne l'était pas. Nous le répétons, citoyen responsable devant tous les citoyens, il était dans la nation le seul homme lié de la sorte. De là, dans ce serment unique et suprême, une solennité qui saisissait le cœur. Celui qui écrit ces lignes était assis sur son siége à l'Assemblée le jour où ce serment fut prêté. Il est un de ceux qui, en présence du monde civilisé pris à témoin, ont reçu ce serment au nom du peuple et qui l'ont encore dans leurs mains. Le voici :

« En présence de Dieu et devant le Peuple fran-
« çais représenté par l'Assemblée nationale, je jure
« de rester fidèle à la République démocratique une
« et indivisible, et de remplir tous les devoirs que
« m'impose la Constitution. »

Le président de l'Assemblée, debout, lut cette for-mule majestueuse ; alors, toute l'Assemblée faisant silence et recueillie, le citoyen Charles-Louis-Napo-léon Bonaparte, levant la main droite, dit d'une voix ferme et haute :

— « Je le jure. »

Le représentant Boulay (de la Meurthe), depuis vice-président de la République, et qui connaissait Charles-Louis-Napoléon Bonaparte dès l'enfance, s'écria : « *C'est un honnête homme, il tiendra son serment.* »

Le président de l'Assemblée, toujours debout, reprit, et nous ne citons ici que des paroles textuel-lement enregistrées au *Moniteur* : « Nous prenons Dieu et les hommes à témoin du serment qui vient d'être prêté. L'Assemblée nationale en donne acte, ordonne qu'il sera transcrit au procès-verbal, inséré au *Moniteur*, publié et affiché dans la forme des actes législatifs. »

Il semblait que tout fût fini ; on s'attendait à ce que le citoyen Charles-Louis-Napoléon Bonaparte, désormais président de la République jusqu'au deuxième dimanche de mai 1852, descendît de la tribune. Il n'en descendit pas ; il sentit le noble besoin de se lier plus encore, s'il'était possible, et d'ajouter quelque chose au serment que la Constitution lui demandait, afin de faire voir à quel point ce serment était chez lui libre et spontané ; il demanda la parole.

— « Vous avez la parole, dit le président de l'Assemblée. »

L'attention et le silence redoublèrent.

Le citoyen Louis-Napoléon Bonaparte délia un papier et lut un discours. Dans ce discours, il annonçait et il installait le ministère nommé par lui, et il disait :

« Je veux, comme vous, citoyens représentants,
« rasseoir la société sur ses bases, raffermir les
« institutions démocratiques, et rechercher tous les
« moyens propres à soulager les maux de ce peuple
« généreux et intelligent qui vient de me donner un
« témoignage si éclatant de sa confiance. »

Il remerciait son prédécesseur au pouvoir exécutif, le même qui put dire plus tard ces belles paroles . *Je ne suis pas tombé du pouvoir, j'en suis descendu ;* et il le glorifiait en ces termes :

« La nouvelle administration, en entrant aux
« affaires, doit remercier celle qui l'a précédée des

« efforts qu'elle a faits pour transmettre le pouvoir
« intact, pour maintenir la tranquillité publique.

« La conduite de l'honorable général Cavaignac a
« été digne de la loyauté de son caractère et de ce
« sentiment du devoir qui est la première qualité du
« chef d'un Etat. »

L'Assemblée applaudit à ces paroles ; mais ce qui
frappa tous les esprits, et ce qui se grava profondément dans toutes les mémoires, ce qui eut un écho
dans toutes les consciences loyales, ce fut cette déclaration toute spontanée, nous le répétons, par laquelle
il commença :

« Les suffrages de la Nation et le serment que je
« viens de prêter commandent ma conduite future.
« Mon devoir est tracé. Je le remplirai en homme
« d'honneur.

« Je verrai des ennemis de la Patrie dans tous
« ceux qui tenteraient de changer, par des voies illé-
« gales, ce que la France entière a établi. »

Quand il eut fini de parler, l'Assemblée constituante se leva et poussa d'une seule voix ce grand
cri : Vive la République !

Louis-Napoléon Bonaparte descendit de la tribune,
alla droit au général Cavaignac, et lui tendit la main.
Le général hésita quelques instants à accepter ce ser-
rement de main. Tous ceux qui venaient d'entendre
les paroles de Louis Bonaparte, prononcées avec un
accent si profond de loyauté, blâmèrent le général.

La Constitution à laquelle Louis-Napoléon Bonaparte prêta serment le 20 décembre 1848 « à la face de Dieu et des hommes » contenait, entre autres articles, ceux-ci :

« Art. 36. Les représentants du peuple sont « inviolables.

« Art. 37. Ils ne peuvent être arrêtés en matière « criminelle, sauf le cas de flagrant délit, ni pour- « suivis qu'après que l'Assemblée a permis la pour- « suite.

« Art. 68. Toute mesure par laquelle le prési- « dent de la République dissout l'Assemblée natio- « nale, la proroge ou met obstacle à l'exercice de « son mandat, est un crime de haute trahison.

« Par ce seul fait, le président est déchu de ses « fonctions, les citoyens sont tenus de lui refuser « obéissance ; le pouvoir exécutif passe de plein « droit à l'Assemblée nationale. Les juges de la « haute cour se réunissent immédiatement, à peine « de forfaiture; ils convoquent les jurés dans le lieu « qu'ils désignent pour procéder au jugement du pré- « sident et de ses complices; ils nomment eux- « mêmes les magistrats chargés de remplir les fonc- « tions du ministère public. »

Moins de trois ans après cette journée mémorable, le 2 décembre 1851, au lever du jour, on put lire, à tous les coins des rues de Paris, l'affiche que voici :

« Au nom du Peuple français, le Président de
« la République

« Décrète :

« Art. 1er. L'Assemblée nationale est dissoute.

« Art. 2. Le suffrage universel est rétabli. La loi
« du 31 mai est abrogée.

« Art. 3. Le peuple français est convoqué dans
« ses comices.

« Art. 4. L'état de siége est décrété dans toute
« l'étendue de la première division militaire.

« Art. 5. Le conseil d'Etat est dissous.

« Art. 6. Le ministre de l'intérieur est chargé
« de l'exécution du présent décret.

« Fait au Palais de l'Elysée, le 2 décembre 1851.

« Louis-Napoléon Bonaparte. »

En même temps, Paris apprit que quinze représentants du peuple, inviolables, avaient été arrêtés chez
eux, dans la nuit, par ordre de Louis-Napoléon
Bonaparte.

II

LA DÉLIVRANCE

Il est temps que la conscience humaine se réveille.

Depuis le 2 décembre 1851, un guet-apens réussi, un crime odieux, repoussant, infâme, inouï, si l'on songe au siècle où il a été commis, triomphe et domine, s'érige en théorie, s'épanouit à la face du soleil, fait des lois, rend des décrets, prend la société, la religion et la famille sous sa protection, tend la main aux rois de l'Europe, qui l'acceptent, et leur dit : Mon frère ou Mon cousin. Ce crime, personne ne le conteste, pas même ceux qui en profitent et qui en vivent ; ils disent seulement qu'il a été « nécessaire ; » pas même celui qui l'a commis, il dit seulement que, lui criminel, il a été « absous. » Ce crime contient tous les crimes, la trahison dans la conception, le parjure dans l'exécution, le meurtre et l'assassinat dans la lutte, la spoliation, l'escroquerie et le vol dans le triomphe ; ce crime traîne après lui, comme parties intégrantes de lui-même, la suppression des lois, la violation des inviolabilités constitutionnelles, la séquestration arbitraire, la confiscation des biens, les massacres nocturnes, les fusillades secrètes, les commissions remplaçant les tribunaux, dix mille citoyens déportés, quarante mille citoyens proscrits, soixante mille familles ruinées et désespérées. Ces choses sont patentes. Eh bien, ceci est poignant à dire, le silence se fait sur ce crime ; il est là, on le touche, on le voit : on passe outre et l'on va à ses affaires ; la boutique ouvre, la bourse agiote, le commerce, assis sur son ballot, se frotte les mains, et nous touchons presque au moment où l'on va trouver cela tout simple. Celui qui aune de l'étoffe n'entend pas que le mètre qu'il a dans la main lui parle et lui dit : « C'est une fausse mesure qui gouverne. » Celui qui pèse une denrée n'entend pas que sa balance élève la voix et lui dit : « C'est un faux poids qui règne. » Ordre étrange que celui-là, ayant pour base le désordre suprême, la négation de tout droit ! l'équilibre fondé sur l'iniquité !

Il est temps, répétons-le, que ce monstrueux sommeil des consciences finisse. Il ne faut pas qu'après cet effrayant scandale, le triomphe du crime, ce scandale plus effrayant encore, soit donné aux hommes : l'indifférence du monde civilisé.

Si cela était, l'histoire apparaîtrait un jour comme une vengeresse ; et dès à présent, de même que les lions blessés s'enfoncent dans les solitudes, l'homme juste, voilant sa face en présence de cet abaissement universel, se réfugierait dans l'immensité du mépris.

Mais cela ne sera pas ; on se réveillera.

Oui, on se réveillera !

Oui, on sortira de cette torpeur, qui, pour un tel peuple, est la honte ; et quand la France sera réveillée, quand elle ouvrira les yeux, quand elle distinguera, quand elle verra ce qu'elle a devant elle et à côté d'elle, elle reculera, cette France, avec un frémissement terrible, devant ce monstrueux forfait qui a osé l'épouser dans les ténèbres et dont elle a partagé le lit.

Alors l'heure suprême sonnera.

Les sceptiques sourient et insistent ; ils disent : « N'espérez rien. Ce régime, selon vous, est la honte de la France. Soit ; cette honte est cotée à la bourse, n'espérez rien. Vous êtes des poètes et des rêveurs si vous espérez. Regardez donc la tribune, la presse, l'intelligence, la parole, la pensée, tout ce qui était la liberté, a disparu. Hier cela remuait, cela s'agitait, cela vivait, aujourd'hui cela est pétrifié. Eh bien, on est content, on s'accommode de cette pétrification, on en tire parti, on y fait ses affaires, on vit là-dessus comme à l'ordinaire. La société continue, et force honnêtes gens trouvent les choses bien ainsi. Pourquoi voulez-vous que cela finisse ? Ne vous faites pas illusion, ceci est solide, ceci est stable, ceci est le présent et l'avenir. »

Nous sommes en Russie. La Néva est prise. On bâtit des maisons dessus ; de lourds chariots lui marchent sur le dos. Ce n'est plus de l'eau, c'est de la roche. Les passants vont et viennent sur ce marbre qui a été un fleuve. On improvise une ville, on trace des rues, on ouvre des boutiques, on vend, on achète, on boit, on mange, on dort, on allume du feu sur cette eau. On peut tout se permettre. Ne craignez rien ; faites ce qu'il vous plaira ; riez, dansez, c'est plus solide que la terre ferme. Vraiment, cela sonne sous le pied comme du granit. Vive l'hiver! vive la glace! en voilà pour l'éternité. Et regardez le ciel, est-il jour, est-il nuit? Une lueur blafarde et blême se traîne sur la neige ; on dirait que le soleil meurt.

Non, tu ne meurs pas, liberté! un de ces jours, au moment où l'on s'y attendra le moins, à l'heure même où on t'aura le plus profondément oubliée, tu te lèveras! O éblouissement! on verra tout à coup ta face d'astre sortir de terre et resplendir à l'horizon.

Sur toute cette neige, sur toute cette glace, sur cette plaine dure et blanche, sur cette eau devenue bloc, sur tout cet infâme hiver, tu lanceras ta flèche d'or, ton ardent et éclatant rayon! la lumière, la chaleur, la vie! — Et alors, écoutez! entendez-vous ce bruit sourd? entendez-vous ce craquement profond et formidable? c'est la débâcle! c'est la Néva qui s'écoule! c'est le fleuve qui reprend son cours! c'est l'eau vivante, joyeuse et terrible qui soulève la glace hideuse et morte et qui la brise! — C'était du granit, disiez-vous; voyez, cela se fend comme une vitre!

c'est la débâcle, vous dis-je ! c'est la vérité qui revient, c'est le progrès qui recommence, c'est l'humanité qui se remet en marche et qui charrie, entraîne, arrache, emporte, heurte, mêle, écrase et noie dans ses flots, comme les pauvres misérables meubles d'une masure, non-seulement l'empire tout neuf de Louis Bonaparte, mais toutes les constructions et toutes les œuvres de l'antique despotisme éternel ! Regardez passer tout cela. Cela disparaît à jamais. Vous ne le reverrez plus. Ce livre à demi-submergé, c'est le vieux code d'iniquité ! ce tréteau qui s'engloutit, c'est le trône ! cet autre tréteau qui s'en va, c'est l'échafaud !

Et pour cet engloutissement immense, et pour cette victoire suprême de la vie sur la mort, qu'a-t-il fallu ? Un de tes regards, ô soleil ! un de tes rayons, ô liberté !

Victor Hugo.

HISTOIRE DU COUP-D'ÉTAT

DANS LE

DÉPARTEMENT DE LA HAUTE-GARONNE

Sous ce titre, nous avons réuni tous les documents historiques et officiels ayant rapport à ce coup de main, dont les conséquences ont été si funestes à notre chère France. On ne saurait jamais assez flétrir les hommes parjures qui ont été les complices du criminel du 2 décembre. Leurs noms comme leurs actes appartiennent à la postérité, qui les jugera et vengera leurs innombrables victimes.

Nous comprenons par le coup-d'Etat toute la période incluse entre mars 1851 et décembre 1852, c'est-à-dire depuis la préparation du coup-d'Etat du 2 décembre 1851 jusqu'à la proclamation de l'Empire.

Nous exposons les faits par ordre de dates. Le premier acteur du coup-d'Etat dans notre département a été M. de Maupas, préfet de l'Allier, qu'un décret du président de la République, du 8 mars 1851, appelait à la préfecture de la Haute-Garonne, en remplacement de M. Besson, promu à celle du Nord. Le nouveau préfet fut installé le 25 mars suivant.

Dans les premiers jours du mois de mai, on faisait circuler, sous le patronage des autorités et par leurs agents, dans la ville de Toulouse et dans tout le département, des pétitions demandant la révision de la Constitution de la République. Tous les conseils municipaux furent invités à formuler des vœux à cette fin, vœux et pétitions qui furent présentés à l'Assemblée nationale.

M. Charles Tron, représentant du peuple, déposa les pétitions signées à Bagnères-de-Luchon.

M. Dabeaux, représentant de la Haute-Garonne, déposa, le 30 mai, sur le bureau de l'Assemblée nationale, dix-sept pétitions signées par 1200 habitants de diverses communes de l'arrondissement de Villefranche, en priant l'Assemblée nationale de décider que la Constitution fût révisée.

On remarquait parmi les signataires, les maires, adjoints, conseillers municipaux, qui avaient déjà voté, réunis en conseil, des vœux à cet égard.

La proposition de révision de la Constitution adoptée par la réunion de la rue des Pyramides, à Paris, déposée le 31 mai, après la discussion, sur la proposition de M. Moulin, relative à la procédure et aux délais dans lesquels l'Assemblée devait statuer sur ces demandes, cette proposition, dis-je, était ainsi conçue :

« Les représentants soussignés, dans le but de re-
« mettre à la nation le *plein exercice de sa souveraineté,*
« ont l'honneur de proposer à l'Assemblée législative

« d'émettre le vœu que la Constitution soit révisée. »

Cette proposition fut signée par 215 membres, au nombre desquels on remarquait MM. Dabeaux, Fourtanier, Jean Gasc et Tron, représentants de la Haute-Garonne.

Dès l'arrivée de M. de Maupas, on constata que les procès de presse se multipliaient ; que les révocations de maires, d'adjoints, de fonctionnaires publics, etc., étaient à l'ordre du jour ; des suppressions de brevets d'imprimeur et de libraire furent faites, sans jugement préalable, comme le veut la loi de 1819 ; des fermetures d'établissements publics, etc.

Mais, en revanche, on continuait dans les compagnes à faire signer les pétitions pour demander la révision de la Constitution, pétitions qu'attendaient à l'Assemblée MM. Jean Gasc, Tron, Dabeaux et autres, pour les déposer sur le bureau.

Le mois de juillet fut fertile en révocations de maires, d'adjoints, de gardes champêtres, cantonniers et d'autres fonctionnaires. Au nombre de ces révocations, il y en a une qui ne peut passer sous silence, parce que celui qui en a été victime était un digne magistrat à l'abri de tout reproche. Nous voulons parler de M. le docteur Metge, maire de Montesquieu-Volvestre, révoqué sur la proposition du préfet Maupas (pour un fait personnel que nous raconterons plus loin), par décret du président de la République, daté du 19 juin.

Dans la séance de l'Assemblée nationale du 10 juillet, M. Dabeaux, déposant encore des pétitions d'habitants de la Haute-Garonne, dit : « Justement alarmés par la perspective de l'élection simultanée de 1852, du pouvoir législatif et du pouvoir exécutif, par l'affaiblissement que ces deux pouvoirs éprouveront dans leur autorité pendant les derniers mois de leur existence, par la confiance que les ennemis de l'ordre témoignent hautement dans le succès de leurs espérances, par le ralentissement manifeste et progressif des affaires, qui menace de tarir, pour un grand nombre d'ouvriers, les sources du travail, les pétitionnaires supplient l'Assemblée de décider le plus tôt possible que la Constitution soit révisée. »

(Extrait du *Moniteur.*)

Il est évident que c'est le gouvernement qui voulait cette révision. L'ordre avait été donné à tous les agents de faire signer des pétitions dans le plus bref délai.

M. de Maupas, par un arrêté préfectoral, daté du 10 juillet et publié dans tout le département, interdit formellement la tenue des clubs, banquets politiques et autres réunions publiques dans la Haute-Garonne, sous peine de poursuites rigoureuses.

On reçut à Toulouse, le 20 juillet, une dépêche télégraphique portant : « L'Assemblée nationale s'est prononcée, hier soir, sur la résolution proposée par la commission de révision. Le nombre de votants était de 724 ; 446 voix se sont déclarées pour la révision de la Constitution, et 278 contre. »

Des visites domiciliaires furent faites, le 28 juillet, chez MM. Mulé, ancien représentant à la Constituante ; Roquelaine, ancien maire de Toulouse ; Armand Duportal et Isidore Janot, rédacteurs du journal l'*Éman-cipation*, et dans les bureaux et ateliers de ce jour-nal, et chez les notabilités du parti républicain. Une semblable visite fut faite, à Castanet, chez M. Denis Barde, membre du conseil général. Une instruction fut ouverte, et elle fut évoquée par la cour d'appel de Toulouse, sous la direction de M. le conseiller Denat.

Le conseil général de la Haute-Garonne, dans sa séance du 30 août, sous la présidence de M. le préfet de Maupas, émit le vœu que la Constitution fût révi-sée conformément à l'article III. Cette décision fut prise par les trente membres qui l'avaient propo-sée. Voici comment ce vœu fut formulé : « Le con-« seil, s'associant au vote exprimé par la majorité de « l'Assemblée nationale, émet le vœu que la Constitu-« tion soit révisée en totalité, conformément à l'ar-« ticle III. » Adoption par 30 voix contre 6.

A la suite du conseil de cabinet tenu à Saint-Cloud, le 14 octobre, le ministère donna sa démission, qui fut acceptée. M. Carlier, préfet de police, suivit le mi-nistère dans sa retraite ; il fut remplacé par M. de Maupas, préfet de la Haute-Garonne, par décret du 26 octobre.

M. Piétri, préfet de l'Ariége, appelé par le télégraphe immédiatement à Paris, passa à Toulouse, le 17 octo-bre, et eut une longue entrevue avec M. de Maupas.

Le président de la République adressa un discours aux officiers des régiments nouvellement arrivés à Paris, ce qui causa une vive agitation dans le monde politique. Le conseil des ministres exigea de Louis-

Napoléon Bonaparte qu'à côté des mots : *mon droit*, on ajoutât ceux-ci : *reconnu par la Constitution*. Le journal *La Patrie*, du 11 octobre, édition de Paris, donna ledit discours avec cette addition.

Voici le vote des représentants de la Haute-Garonne sur la prise en considération de la proposition de MM. Le Flô, Baze et de Panat, questeurs, relative au droit du président de l'Assemblée nationale de requérir la force armée. *Pour* la prise en considération : MM. de Castillon, Lespinasse, de Limairac, de Rémusat, de Roquette-Buisson ; *contre* : MM. Dabeaux, Jean Gasc, Malbois, Tron ; *absent* : M. Fourtanier (séance du 17 novembre 1851). Cette proposition importante, pour éviter tout ce que nous avons eu à subir durant dix-neuf ans, ne fut point prise en considération, le pouvoir s'étant déjà acquis la majorité. — Nombre des votants, 708 ; *pour* la prise en considération, 300 voix ; *contre*, 408.

Le 16 novembre 1851 fut enfin tirée la trop fameuse et célèbre loterie du LINGOT D'OR, la poule aux œufs d'or de l'Elysée, qui a fait tant de dupes et tant de victimes ensuite.

Le Corse Piétri, nommé préfet de la Haute-Garonne, après avoir pris ses instructions à Paris, arriva à Toulouse et fut installé, le 24 novembre, dans les appartements nouvellement restaurés et meublés avec luxe par son prédécesseur M. de Maupas, aux frais du budget départemental. Ne dirait-on pas que la préfecture de la Haute-Garonne était devenue l'anti-chambre de la préfecture de police de Paris ?

Ce préfet venait, en effet, faire le coup-d'État dans notre département. Le 3 décembre 1851, huit jours après son installation, il fit afficher dans tout le département la proclamation suivante :

« *Aux habitants de la Haute-Garonne.*

« Habitants de la Haute-Garonne, je viens de recevoir la dépêche télégraphique suivante :

« Le ministre de l'intérieur à MM. les préfets.

« Le repos de la France était menacé par l'Assem-« blée; elle a été dissoute !

« Le président de la République fait *un appel à la* « *nation.* IL MAINTIENT LA RÉPUBLIQUE et remet loyale-« ment au pays le droit de décider de son sort.

« La population de Paris a accueilli avec enthou-« siasme cet événement devenu indispensable.

« Le gouvernement vous donne tous les pouvoirs « nécessaires pour assurer la tranquillité publique. »

« Habitants de la Haute-Garonne, les mesures les plus complètes et les plus vigoureuses sont prises, de concert avec M. le général commandant la division, pour le maintien de l'ordre, et vous pouvez être assurés que nous ne faillirons pas à cette mission.

« Habitants de la Haute-Garonne, nous comptons sur votre patriotisme pour nous aider à la remplir sans excès ni violence.

« Respect aux personnes et aux propriétés; et si des tentatives criminelles venaient à se manifester, unissez-vous à l'autorité et à l'armée pour les réprimer avec la plus grande promptitude et la plus énergique vigueur.

« Toulouse, le 2 décembre 1851.

« *Le préfet de la Haute-Garonne,*

« Piétri. »

La représentation de la Haute-Garonne à l'Assemblée nationale était ainsi composée lors de cette violation. Nous avons mis en caractères italiques les noms de ceux qui se sont associés à l'homme du 2 décembre :

MM. *François Dabeaux*, avocat, élu par 62,883 suffrages ;

Charles de Rémusat, ancien ministre, membre de l'Institut, élu par 62,413 suffrages ;

Alexandre Fourtanier, avocat, ancien maire de Toulouse, élu par 60,032 suffrages ;

Henri Lespinasse, ancien colonel, propriétaire, élu par 59,226 suffrages ;

Jean Gasc, avocat, élu par 58,228 suffrages ;

Charles Tron, maire de Bagnères-de-Luchon, élu par 58,055 suffrages ;

Jean-Pierre Malbois, ancien officier de cavalerie, maire de Lisle-en-Dodon, élu par 57,934 suffrages ;

Maxime de Roquette-Buisson, propriétaire, élu par 57,311 suffrages ;

Edmond de Limairac, ancien magistrat, élu par 56,209 suffrages ;

M. Eugène-Hippolyte de Castillon de Saint-Victor, propriétaire, élu par 50,577 suffrages.

L'Assemblée nationale, si brutalement dissoute, fut remplacée par une *commission consultative*, nommée officiellement le 3 décembre 1851. (Nous avons publié la composition de cette commission dite *du coup-d'État* dans notre *Annuaire général de la Haute-Garonne* de 1852, pages 442 et suivantes. Nous y remarquons MM. François Dabeaux et Jean Gasc, représentants de la Haute-Garonne.)

Dans la journée du mercredi, 3 décembre, des groupes nombreux parcoururent la ville de Toulouse et se portèrent sur la place du Capitole, où la foule était déjà assez nombreuse. A deux heures, quelques chefs du parti démocratique débouchèrent par la rue de la Pomme et se présentèrent à l'entrée de l'hôtel-de-ville, dont l'accès leur fut interdit par la troupe qui croisa sur eux la baïonnette. Ce groupe quitta alors la place du Capitole et se dirigea sur d'autres points de la ville par la rue Saint-Rome. On protestait par des cris contre la dissolution de l'Assemblée nationale, qui pourtant avait voté la révision de la Constitution. Le pouvoir avait tout disposé, non pas pour maintenir l'ordre, mais bien pour faire réussir son coup-d'Etat. Les troupes de la garnison étaient consignées depuis la veille. On avait doublé tous les postes, plus nombreux alors que sous l'Empire (1). Des détachements

---

(1) Les postes de la Manufacture des Tabacs, du Pont-Neuf, de la porte de Saint-Cyprien, etc., ont été supprimés sous l'Empire, et pourtant le contingent de l'armée était plus fort.

stationnaient dans le Capitole avec l'état-major. Tout avait été prévu la veille.

Tout à coup un aide-de-camp de service, M. Forgemol, sortant à cheval du Capitole, se dirigeant dans la rue Lafayette, fut accueilli par des cris de : *Vive la République !*... Arrivé à la Commutation, des pierres furent lancées contre lui ; un individu se précipita même à la tête de son cheval (on a toujours prétendu que cet individu n'était autre qu'un agent provocateur dont on ignore le nom). L'officier dégaîna, et au même moment un coup de pistolet fut tiré en l'air, (du reste, ce coup de pistolet se trouve dans tous les mouvements organisés par les Piétri). Alors l'officier d'ordonnance put se réfugier dans la cour de la Commutation et rentrer ainsi au Capitole, dont on avait fermé les portes.

A la suite de ces événements, des troupes nombreuses vinrent garder les abords du Capitole et de l'hôtel de la préfecture. La cavalerie chargeait avec fureur sur des groupes de curieux. Plusieurs citoyens furent maltraités, d'autres arrêtés brutalement par la nouvelle police qui venait de faire irruption sur les places du Capitole et de la préfecture. Cette police était composée d'agents venus on ne sait d'où....

Vers trois heures, le peuple, refoulé et chargé à chaque instant, se mit à lancer quelques pierres contre la troupe postée sur la place du Capitole. Les sommations légales furent faites, et une charge de cavalerie et d'infanterie avec la baïonnette fit évacuer complétement la place.

Le préfet Piétri fit alors afficher la proclamation suivante, dans tout le département de la Haute-Garonne :

« *Habitants de la Haute-Garonne,*

« Les signataires de la proclamation incendiaire publiée aujourd'hui par l'*Émancipation* et la *Civilisation* ont été arrêtés, et la Cour d'appel de Toulouse, sur les réquisitions du procureur général, vient d'évoquer, ce soir même, la connaissance de cette affaire, qualifiée *complot*, ayant pour but d'exciter les habitants à la guerre-civile, ainsi que la tentative d'assassinat dont M. Forgemol, capitaine, aide-de-camp de M. le général commandant la division, a été l'objet aujourd'hui.

« Les commissaires instructeurs sont : M. le premier Président et MM. les conseillers Tarroux et Denat.

« Les arrestations ont été opérées sans résistance. Toulouse jouit depuis ce moment de la plus grande tranquillité.

« Les autorités civiles et militaires sont en mesure de réprimer toute nouvelle tentative de désordre.

« Toulouse, le 3 décembre 1851.

« *Le préfet de la Haute-Garonne,*

« Piétri. »

La circulaire dont il est question dans la proclamation du préfet Piétri, renfermait une protestation contre les agissements du gouvernement de Bonaparte. Elle fut imprimée par les presses de l'*Émanci-*

pation, répandue en grand nombre sur la voie publique, et reproduite dans les journaux la *Civilisation* et l'*Émancipation*, qui furent ensuite supprimés sans jugement, sans tenir aucun compte des pertes qu'on faisait éprouver, par cet acte arbitraire, aux actionnaires de ces deux feuilles et aux abonnés.

Nous reproduisons maintenant ce document qui appartient à l'histoire, afin que chacun l'apprécie et le juge,

Le voici dans toute sa teneur :

« *Habitants de la Haute-Garonne.*

« Citoyens,

« La Constitution de la République, solennellement proclamée par les mandataires du peuple, dispose :

« Art. 68. Toute mesure par laquelle le président « de la République *dissout* l'Assemblée nationale, la « *proroge ou met obstacle* à l'exercice de son mandat, « *est un crime de haute trahison.*

« Par ce seul fait, le président *est déchu* de ses fonctions ; les citoyens *sont tenus de lui refuser obéissance* ; le pouvoir exécutif *passe de plein droit* à l'Assemblée nationale.

« Art. 110. L'Assemblée nationale confie le *dépôt* « de la présente Constitution et des droits qu'elle « consacre *à la garde et au patriotisme de tous les* « *Français.*

« Il n'y a plus de Constitution !

« M. Bonaparte, qui avait juré devant Dieu et devant les hommes de lui rester fidèle, l'a déchirée de ses propres mains.

« Il n'y a plus d'Assemblée nationale !

« M. Bonaparte, qui devait la respecter et la défendre comme l'expression de la souveraineté populaire, l'a dissoute et dispersée par la force.

« Il n'y a plus de République !

« M. Bonaparte, sous pretexte de salut public, concentre provisoirement en lui seul tous les pouvoirs, en promettant de restituer au peuple convoqué dans les comices et appelé à sanctionner d'abord l'usurpation commise, puis à statuer sur lui.

« Il n'y a plus de président !

« M. Bonaparte, traître et parjure, n'est plus qu'un criminel d'Etat justiciable de la Haute-Cour nationale ; les citoyens sont tenus de lui refuser obéissance, et quiconque oserait lui prêter assistance deviendrait son complice.

« Et ces horribles attentats, s'il faut en croire un placard officiel, signé du nom d'un préfet de la République, M. Bonaparte les aurait accomplis avec le concours de l'armée et aux applaudissements de la population de Paris ?

« *Mensonge ! Calomnie !*

« Les soldats de la République ne prostituent pas, au service d'un César, les armes que la Patrie leur a confiées pour la protection de ses frontières et pour l'honneur de son drapeau.

« On trompe le peuple afin de gagner du temps

et de mettre sans doute les conspirateurs hors des atteintes de sa justice.

« Citoyens, le moment est venu où la France doit montrer au monde si elle est digne de la République et de la Liberté, ou si, abâtardie par la corruption et l'égoïsme, elle doit se résigner à courber sa tête esclave sous le joug d'un traître.

« Quand le pacte social est brisé, quand l'autorité légale a disparu pour faire place à un pouvoir de fait, c'est au peuple seul qu'appartient le plein et entier exercice de la souveraineté, à lui de faire respecter son droit imprescriptible et inaliénable que ses mandataires ont déserté ou trahi.

« Que les hommes de cœur avisent donc sans retard et que les bons citoyens leur viennent en aide ! Que partout les gardes nationales s'arment pour la punition des coupables et la défense de la Constitution, que dans chaque commune les comités révolutionnaires soient institués par acclamation, avec mandat d'organiser partout la résistance et au besoin la lutte contre l'usurpation, de suspendre provisoirement les fonctionnaires d'un pouvoir rebelle et de pourvoir à la sûreté publique.

« Citoyens, *il n'y a pas d'obstacle pour celui qui veut :* que chacun fasse son devoir.

« Vive la République démocratique, une, indivisible !

« Vive la Constitution ! »

Voici la désignation des personnes qui signèrent

cette protestation et qui furent arrêtées, soit à leur domicile nuitamment, soit sur la voie publique :

Les Citoyens :

Paul Crubailhes, rédacteur du journal *la Civilisation.*

Marie Achard, rédacteur du journal *la Civilisation.*

Isidore Janot, rédacteur en chef de l'*Émancipation.*

Armand Duportal, rédacteur de l'*Émancipation.*

François Cazeneuve, rédacteur de l'*Émancipation.*

Marcel Lucet, avocat, rédacteur de l'*Émancipation.*

Napoléon Tachoire, rédacteur de l'*Émancipation.*

Charles de Saint-Gresse, avocat.

Bernard Debernat, rédacteur de l'*Émancipation.*

Bauguel, ancien préfet de la République.

Bernard Mulé, ex-membre de la Constituante.

François Carolis père, mécanicien.

Frédéric Mondouis.

Joseph-François Vivent, minotier, ancien juge au tribunal de commerce.

Frédéric Monnié, négociant, ancien juge au tribunal de commerce.

Estenave, ex-sous-commissaire du gouvernement.

Jean Baux, ouvrier ajusteur.

Troy, ouvrier menuisier.

J.-M. Méric fils, négociant.

Frédéric Dosset, entrepreneur de voitures.

Théodore Coudom, horloger.

Etienne Rolland fils aîné, tailleur de pierre.

Ariste Beaudéan, homme de lettres.

Joseph Boé, ouvrier typographe.

Jean-Joseph-Charles Fox, fondeur en caractères d'imprimerie.

Jean Grillou, marchand boucher.

J.-B. Bégué, négociant en blé.

Pratviel-Lange.

Pebernat, ex-sous-commissaire du gouvernement.

Jacques Gerla, menuisier.

Hincelin.

Weillé.

Bernard Mascaras, peintre-colleur.

Albert Brun, sculpteur.

Thomas Rouch.

Antoine Taupiac.

F. Lavigne, maire de Blagnac.

Guillaume Durand.

François Taupiac.

Layerle.

L. Amiel, avoué à la Cour d'appel de Toulouse.

Pierre Pech, ouvrier en fer.

J. Allaux, bijouter.

Joseph-Édouard Abadie.

Pélissier aîné.

B. Rives.

J. Balanzac.

Montel.

Régeau, correcteur d'imprimerie.

Rivière, bottier.

Guillaume Rey, commissaire-priseur.

Jean-Félix Baldairous, maître corroyeur.

Pierre-Jean Roquelaine, ancien maire de Toulouse, membre du conseil général de la Haute-Garonne.

Pégot-Ogier, ancien membre de la Constituante.

Beni Barde, propriétaire, membre du conseil général de la Haute-Garonne.

Armand Leygue, ex-sous-commissaire du gouvernement à Castelsarrasin.

Meilhon.

Valliége, ex-commissaire du gouvernement provisoire.

Riscle, membre du conseil d'arrondissement de Narbonne.

Besaucelle, ex-conseiller de préfecture.

Émile Grimailh, ancien officier.

Léopold Cassagne, typographe.

Ce même jour, 3 décembre, on arrêta beaucoup d'autres personnes qui se trouvaient sur la place du Capitole ou dans les rues de la ville, comme simples curieux. Nous citerons, à ce sujet, l'arrestation d'un nommé Guillaume Milhau, de Saint-Cyprien, ouvrier typographe. Il se trouvait, comme curieux, à côté de nous, sur la place du Capitole, contre le mur du café Bibent, quand tout à coup arriva à fond de train un maréchal des logis, dont le cheval monta sur le trottoir et vint presser Milhau contre le mur. Ce dernier fit un mouvement de conservation ; voulant repousser le cheval, il appuya involontairement la main sur la cuisse du cavalier, qui se mit à brandir son sabre, en injuriant le pauvre Milhau ; il fut aussitôt entouré de plusieurs mouchards qui le *traînèrent* dans le Capitole. Il fut exilé en deux reprises, et il est mort sur la terre d'exil. Quel était son crime?...

Le maire Sans fit afficher, le même jour, un arrêté, dans lequel il donna un extrait de la loi du 7 juin 1848 contre les attroupements.

Des tentatives de protestations, ou de désordre, comme on disait alors, ayant eu lieu à Foix, à Mazamet, à Castelsarrasin, à Moissac, etc., la Cour d'appel de Toulouse, sur le réquisitoire de son procureur général, évoqua l'instruction de ces affaires.

Il est aussi bon de savoir à quel point le pouvoir prenait des précautions afin de s'imposer sans courir des risques. Par suite d'une mesure concertée entre l'autorité administrative et l'autorité militaire, la poudre de chasse fut retirée des débits, ainsi que des entrepôts des contributions indirectes du département de la Haute-Garonne, et envoyée à l'arsenal de Toulouse.

Un arrêté du préfet, du 6 décembre 1851, portant le retrait des armes des gardes nationales de la Haute-Garonne, fut publié dans le département, et fut immédiatement mis à exécution.

Le coup-d'Etat fut exécuté dans notre département par des gens qui en acceptèrent la responsabilité, en restant en place, sans protester. A la préfecture, M. Piétri; aux sous-préfectures de Saint-Gaudens, M. Lassus de Saint-Geniés; à Villefranche, M. Lassalle; à Muret, M. Petit.

A la mairie de Toulouse : M. François-Prime-Félix Sans, maire; Félix Broustet, négociant; Jean Patras de Compaigno ; Guillaume Cazaux ; Joseph Boisselet, avocat ; Paul Martin d'Ayguesvives-Malaret, adjoints au maire.

Le 12 décembre, M. le préfet Piétri convoqua les électeurs de la Haute-Garonne pour le 20 décembre suivant, afin de voter le plébiscite du 2 décembre 1851 par *oui* ou par *non*. Cette convocation fut suivie de proclamations et de circulaires aux électeurs pour obtenir des *oui*. Toutes les autorités furent très-zèlée.

La question posée dans le plébiscite à la Nation était celle-ci : « Le peuple français veut le maintien « de l'autorité de Louis-Napoléon Bonaparte, et lui « délègue les pouvoirs nécessaires pour établir une « Constitution sur les bases proposées dans sa procla- « mation du 2 décembre 1851. »

Toutes les réunions, même électorales, furent formellement interdites. De plus, le préfet fit placarder, le 17 décembre, un arrêté relatif aux réunions publiques et non publiques, aux distributions d'écrits imprimés ou manuscrits, à l'émission de fausses nouvelles, et dont l'article 1er dit : « Les autorisations accordées jusqu'à ce jour dans le département de la Haute-Garonne aux réunions quelconques sont annulées. A l'avenir, nulle société ou réunion ne pourra se former sans notre autorisation, etc. »

Les partisans de Bonaparte avaient fondé plusieurs journaux, soit à Paris, soit en province, pour *chauffer* leur cause. Des journaux, des brochures, des circulaires, des portraits de l'oncle et du neveu étaient distribués gratuitement dans les campagnes. C'était le trésor public qui en soldait les frais. A Toulouse, on avait fondé *Le Capitole* et *L'Indépendant;* ce dernier a changé de nom sous l'Empire, il est devenu *L'Aigle,* et actuellement *Le Messager de Toulouse.*

On lit dans le *Journal de Toulouse* du 19 décembre :

« On a arrêté, dans la nuit de mercredi à jeudi, une vingtaine d'individus compromis dans l'affaire de l'émeute du 3 courant; on assure que deux cents personnes sont sous le coup de mandat d'amener. MM. Denat et Tarroux, conseillers à la Cour d'appel, instruisent cette procédure. »

Le 20 décembre eut lieu, dans toute la France, le vote du plébiscite du 2 décembre, dont nous avons publié plus haut le texte de la question posée. Le département de la Haute-Garonne donna les résultats suivants. La commune de Toulouse comptait alors 17,157 votants, qui donnèrent 11,044 *oui,* 5,998 *non,* 115 bulletins blancs ou annulés ; le département donna, sur 106,261 votants, 93,393 *oui ;* 12,150 *non ;* bulletins blancs, 333; bulletins renfermant des protestations, 94; nuls, 85.

Les trois membres du conseil général désignés par le préfet Piétri pour faire le dépouillement général des votes du département de la Haute-Garonne furent MM. Féral, avocat ; Caze, conseiller à la Cour d'appel, et Lamouroux, maire du Fousseret. Cette opération eut lieu à l'hôtel de la préfecture, le 27 décembre.

Les maires des chefs-lieux d'arrondissement (ou à leur défaut un délégué du conseil municipal) furent invités à aller à Paris assister à la proclamation du président de la République, le 1er janvier 1851. M. Sans, maire de Toulouse, et MM. Cazaux et de Malaret, adjoints, s'y rendirent.

Immédiatement après.le résultat du vote connu, le gouvernement décida que le dimanche, 11 janvier 1852, aurait lieu dans toute la France une cérémonie pour la proclamation du vote sur le plébiscite du 2 décembre.

Un décret du président de la République, du 26 décembre 1851, divisa le territoire français en vingt et une divisions militaires, dont chaque département formait une subdivision. Toulouse devint le siége de la 12e division militaire, comprenant les départements de la Haute-Garonne, du Tarn, de Tarn-et-Garonne et du Lot.

M. F. Broustet, adjoint au maire, signa une proclamation aux habitants de Toulouse, publiée le 31 décembre 1851. Elle était suivie d'un arrêté prescrivant un *Te Deum* solennel pour le 1er janvier, de pavoiser les édifices publics et les maisons particulières, etc., afin de célébrer le *grand événement du 2 décembre*.

1852. — Cette année fut inaugurée par la proclamation du président de la République, suivant la formule plébiscitaire du 2 décembre 1851, et par un décret de Louis-Napoléon Bonaparte, daté du 1er janvier 1852, portant : « L'aigle française est rétablie sur les drapeaux de l'armée ; elle est également rétablie sur la croix de la Légion d'honneur. » Ce décret est contre-signé A. de Saint-Arnaud, ministre de la guerre.

Un autre décret du président de la République, à la même date, dispose que « la connaissance de tous les délits prévus par les lois sur la presse, et commis au moyen de la parole, est déférée aux tribunaux de police correctionnelle. Ces tribunaux connaîtront de ceux de ces délits qui ont été commis *antérieurement au présent décret* et ne sont pas encore jugés contradictoirement. Les poursuites seront dirigées selon les formes et règles prescrites par le Code d'instruction correctionnelle. » Ce décret rétroactif est signé E. Rouher.

Le jeudi, 1er janvier, à l'issue du *Te Deum* officiel, la Cour d'appel de Toulouse se réunit au Palais de Justice, où elle signa une adresse de félicitation à M. le président de la République; elle était ainsi conçue :

« Toulouse, le 1er janvier 1852.

« Monsieur le Président de la République (1).

« C'est aujourd'hui qu'a lieu l'inauguration solennelle des nouveaux pouvoirs que vous tenez de sept millions de suffrages. Nous nous joignons aux corps constitués qui vous entourent en ce moment (2), et

---

(1) On ne le qualifiait pas encore de *Prince*, de *Monseigneur*, d'*Altesse* et d'*Altesse impériale,* comme nous le verrons dans la suite.

(2) *Aux corps constitués qni vous entourent en ce moment*!... Il n'y avait ni Sénat, ni Corps législatif, ni Conseil d'Etat; il n'y avait que la Commission consultative du coup-d'Etat.

nous vous prions d'agréer nos respectueuses félicitations.

« La France a remis en vos mains ses plus grands intérêts ; vos sentiments pour elle vous inspireront ce qui peut la préserver de l'anarchie et lui assurer un repos honorable.

« Nous continuerons à administrer une justice ferme et impartiale. Nous croyons vous offrir ainsi le concours le plus utile à votre gouvernement et le plus conforme à vos désirs.

« Nous sommes avec un profond respect, monsieur le président de la République, vos très humbles et très obéissants serviteurs. »

(Suivent les signatures.)

Toute la France sait comment la justice a été administrée sous le règne de Bonaparte, et combien les lois ont été violées et foulées aux pieds, pour nous dispenser de toucher à cette matière.

Le tribunal de première instance de Toulouse devait, comme la Cour d'appel, son adresse au dispensateur des places et des croix. Voici le texte de son adresse :

« *Au* prince *Louis-Napoléon, président de la République.*

« Prince (1),

« Le 2 décembre, vous avez sauvé la France !...

---

(1) Un décret du Gouvernement provisoire du 29 février 1848, en vigueur, défendait l'emploi des qualités nobiliaires. Ce décret ne fut abrogé par Louis Napoléon que le 24 janvier 1852.

« Elle vient de le reconnaître d'une manière éclatante dans les comices, en vous confiant ses destinées.

« Le tribunal de première instance de Toulouse, s'associant au vœu du pays, vous prie d'agréer l'hommage de sa reconnaissance et de ses respectueuses sympathies.

« Puisse le Ciel, *prince*, veiller sur vos jours, dans l'exercice de cette haute magistrature que la souveraineté nationale vous a conférée, et qui est la juste récompense de vos services et de vos nobles qualités !..

« Toulouse, le 1ᵉʳ janvier 1852. »

(Suivent les signatures.)

Voici un acte arbitraire dont nous exposons à nos lecteurs la cause afin qu'ils la jugent à leur tour : *l'Annuaire général de la Haute-Garonne* pour l'année 1852, dont nous sommes l'auteur, venait de paraître, lorsqu'il fut saisi, enlevé de chez notre imprimeur, en feuilles ou broché, et transporté dans un chariot à la préfecture. Le motif de cette saisie se trouve à la page 132 de certains exemplaires, sous le titre : SOUVERAINS D'EUROPE, PRÉTENDANTS DE FRANCE. — *Branche des Bourbons :* Henri-Charles-Ferdinand-Marie-Dieudonné de Bourbon, né le 29 septembre 1820, de feu Charles-Ferdinand de France, duc de Berry, et de Marie-Caroline - Ferdinande - Louise , princesse des Deux-Siciles ; marié le 16 novembre 1846, à Marie-Thérèse-Béatrix, princesse de Modène, née le 4 juillet 1817, résidant à Frosdhorff (Autriche). — *Branche d'Orléans :*

Louis-Philippe-Albert de Bourbon-Orléans, comte de Paris, né le 24 août 1838, de feu Ferdinand-Philippe-Louis-Charles-Henri-Joseph d'Orléans, duc d'Orléans, et d'Hélène-Louise-Elisabeth, princesse de Mecklembourg-Schewerin, résidant à Claremont (Angleterre). — *Branche Bonaparte* : Louis-Napoléon-Bonaparte, né le 20 avril 1808, proclamé président de la République française, le 20 décembre 1848, à Paris.

Nous dûmes nous rendre chez le préfet Piétri pour connaître la cause de cette saisie et de l'enlèvement de l'édition de notre *Annuaire*. « Il n'y a plus de prétendants en France, Napoléon seul y régnera, » nous dit le préfet. Nous répondîmes que cette partie du volume était imprimée avant le 2 décembre 1851 ; que nous ne pouvions prévoir le changement arrivé depuis. Après beaucoup d'explications, notre *Annuaire* nous fut rendu, à la condition de supprimer ladite page. Nous dûmes faire transporter toute l'édition, en feuilles mêlées, de la préfecture à l'imprimerie, et cela à nos dépens ; nous perdîmes un grand nombre d'exemplaires et beaucoup de temps.

Le président avait promis le maintien de la République, et pourtant son préfet de la Haute-Garonne, en vertu d'un arrêté daté du 10 janvier 1852, ordonna la suppression des mots : *Liberté, Égalité, Fraternité*, inscrits sur les murs des monuments publics, et fit abattre tous les *arbres de la Liberté*, ce qui fut exécuté immédiatement.

On lit dans le *Journal de Toulouse*, n° du 15 janvier 1852 :

« Hier il est arrivé, dans une diligence escortée par un détachement de hussards et de gendarmerie, un nombre assez considérable de personnes qui avaient été arrêtées dans l'arrondissement de Muret pendant le mois de décembre, et qui se trouvaient détenues depuis dans les prisons de cette ville. Ces personnes ont été conduites à la prison du Sénéchal. »

Ces victimes du coup d'Etat étaient au nombre de treize, savoir :

MM. Dominique Bayard, géomètre, de Muret;
Jean Broussouse, huissier, de Muret ;
Dominique Albert, limonadier, de Muret;
Jean Dubernet, tourneur, à Muret;
Philippe Melet, maçon à Muret ;
Jacques Garde, tailleur, à Muret;
Antoine Berrat, plâtrier, à Muret;
Pierre Vincent, épicier, à Muret;
Clément Moré, ancien huissier, à Muret;
Jacques Thuron, chevrier, à Muret;
Jacques Capdeville, cordonnier, à Muret;
Jean Lartigue, perruquier, à Pau ;
Raymond Beret, cordonnier, à Toulouse.

Dans la nuit du 14 au 15 janvier, après *les heures légales*, ces citoyens furent transférés de la prison du Sénéchal à celle de Saint-Michel. Voilà la justice de ce temps qui procède, comme les malfaiteurs, la nuit. Du reste, ces exemples sont par trop nombreux sous le règne de Bonaparte *le Parjure*.

Nous reproduisons ici une circulaire précieuse, pour

que les hommes honnêtes de tous les partis soient en mesure d'apprécier la façon dont les ministres affidés de Bonaparte respectaient la liberté individuelle et les droits sacrés de la justice :

« Paris, 18 janvier 1852,

« *Circulaire du ministre de l'intérieur, M. de Morny, à tous les préfets (très confidentielle).*

« Monsieur le préfet, par ma circulaire du 11 de ce mois, j'ai réclamé de MM. les préfets un état nominal de tous les hommes qui, compromis par leur participation aux insurrections récentes, ou reconnus pour les chefs du socialisme, ou signalés comme violemment hostiles au gouvernement, ou même désignés comme pouvant inquiéter l'ordre public dans leurs départements, paraîtraient devoir être soumis à des mesures de sûreté catégoriquement définies.

« Dans les départements placés sous le régime de l'état de siége, M. le ministre de la guerre a invité les commissions militaires à dresser des listes séparées des individus qui doivent être transportés, soit à la Guyane, soit en Afrique, de ceux enfin qui doivent être mis en liberté.

« De son côté, M. le ministre de la justice a prescrit aux procureurs généraux de lui adresser un rapport sur chaque affaire instruite à l'occasion des derniers mouvements insurrectionnels, *avant d'en laisser prononcer le renvoi en justice réglée.* Par d'autres instructions, en date du 29 décembre, M. le ministre de la justice a également recommandé à MM. les procureurs généraux de lui fournir, tant par les tableaux collectifs que par des rapports spéciaux, des renseignements complets sur tous les individus impliqués dans ces procédures, et il a recommandé à ces magistrats de lui faire connaître leur avis sur la convenance et l'opportunité de l'application, à chacun, d'une mesure de sûreté générale.

« Le gouvernement est appelé aujourd'hui à centraliser et apprécier ces divers documents ; afin de faciliter sa tâche, il importe que les fonctionnaires de qui elles émanent s'entendent pour les faire concorder autant que possible, et que l'autorité judiciaire, l'autorité militaire, l'autorité administrative se concertent pour lui soumettre des propositions sur la détermination à laquelle il lui appartiendra de s'arrêter, pour chacun des individus qui auront été signalés. Pour arriver à cet but, voici quelles sont les instructions convenues entre mes collègues et moi.

« Dans les chefs-lieux de Cour d'appel qui sont en même temps chefs-lieux de département, et lorsque le département sera soumis à l'état de siége, le procureur général se réunira au préfet et au commandant militaire.

« Dans les autres chefs-lieux de département également en état de siége, le procureur de la République s'entendra avec le préfet et le chef militaire.

« Dans les chefs-lieux de département où l'état de siége n'est pas déclaré, le procureur général ou son substitut se concerteront avec le préfet seulement.

« Ces fonctionnaires réunis compulseront tous les

documents qui auront été mis à leur disposition, soit par les parquets, soit par les commissions militaires, soit par les administrations civiles, et, après un examen attentif de tous ces dossiers, ils proposeront l'une des mesures suivantes :

« Le renvoi devant les conseils de guerre,

« La transportation à Cayenne,

« La transportation en Algérie,

« L'expulsion de France,

« L'éloignement momentané du territoire,

« L'internement, c'est-à-dire l'obligation de résider dans une localité déterminée,

« Le renvoi en police correctionnelle,

« La mise en liberté.

« Parmi les individus classés dans l'une des catégories qui viennent d'être indiquées, ceux qui seraient repris de justice ou qui se trouveraient placés sous la surveillance de la haute police devront être spécialement signalés.

« Dans l'accomplissement de notre mission, vous devrez vous pénétrer de la pensée du Gouvernement, qui est d'atteindre les chefs et les meneurs du parti démagogique, les organisateurs des sociétés secrètes et non les hommes égarés momentanément par de déplorables doctrines ou qui se seraient laissé affilier à des sociétés secrètes, soit par faiblesse, soit par entraînement.

« Lorsque les propositions délibérées en commun par les fonctionnaires ci-dessus désignés auront été formulées et arrêtées, elles seront remises, avec les pièces et rapports à l'appui, dans les départements en état de siége, à l'autorité militaire qui les fera parvenir au ministre de la guerre ; dans les autres départements, au préfet qui les adressera au ministre de l'intérieur. Ces documents centralisés deviendront, de la part du gouvernement, l'objet d'un examen général et d'une détermination définitive.

« Indépendamment de ce travail, adressé, soit au département de la guerre, soit au département de l'intérieur, les chefs du parquet adresseront particulièrement au ministre de la justice un compte spécial des travaux auxquels vous aurez concouru.

« Les instructions que renferme cette circulaire, dont je vous prie de m'accuser réception, sont également adressées, par MM. les ministres de la guerre et de la justice, aux procureurs généraux et à l'autorité militaire.

« *Le ministre de l'intérieur*,

« *Signé :* A. DE MORNY. »

Maintenant, voici la liste des personnes de Toulouse qui furent arrêtées à la suite des événements du 3 décembre, durant la nuit, avec violation de domicile et de personnes, et déposées dans les prisons du Sénéchal et du Palais :

MM. Isidore Janot ;
     Marcel Lucet, avocat ;
     Armand Duportal ;
     Paul Crubailhes ;
     Pierre Pech ;

MM. Jean Bonnassiolle ;

Marie Achard ;

Jean-Joseph-Charles Fox, fondeur en caractères d'imprimerie ;

Jean Abadie ;

Pratviel - Lange ;

Guillaume Lafont ;

François Cazeneuve ;

André Cau ;

Jean-Baptiste Abadie ;

Jean Cassan ;

Paul Cazalas, maître fabricant de chapeaux ;

Jean Estrade ;

Jacques Castex ;

Simon Clair ;

Thomas Talour, sabotier ;

Louis Cartié ;

Etienne Rolland, tailleur de pierre ;

Laurent Vidal ;

Gabriel Gaillard ;

Alphonse Gottreux ;

François Dubernat ;

Guillaume Durand ;

Théodore Coudom ;

Jacques Gerla ;

Michel Mandement ;

Bernard Loubeau ;

Armand Leygue ;

François-Aristide Lapoujade ;

Etienne Bessières ;

MM. David Dougados ;

    Jean Barthès ;

    Eugène Bordes ;

    Jean-Baptiste Debesse ;

    Jacques Teyssier, dit Tambour ;

    Jean Courtès jeune ;

    François Lavigne ;

    Henri Godoffre ;

    Pierre Doucet ;

    Jean Tauriac ;

    Guillaume Castéras ;

    Guillaume Rey, commissaire priseur ;

    Jean-Guillaume Milhau, compositeur typo-
      graphe.

Nous devons faire remarquer que dans la nomenclature qui précède se trouvent plusieurs noms de personnes arrêtées le 3 décembre, mises en liberté, et reprises de nouveau par ordre supérieur.

Le préfet Piétri, par un arrêté pris le 16 janvier, fit fermer plusieurs cafés et établissements publics, parmi lesquels des établissements importants, au nombre desquels nous citerons le *Café de la Comédie,* avenue Lafayette. Tout faisait ombrage à ce gouvernement de bandits. Il fallait pour avoir ses faveurs être un mouchard ou un sbire du 2 décembre.

MM. Auguste d'Aldéguier, conseiller à la Cour d'appel ; Capelle, notaire ; Doujat d'Empeaux ; Gabriel du Bourg ; Félix Montels ; Joseph-Pierre Pouges, et Jules Saint-Raymond, membres du Conseil municipal de Toulouse, s'étant formellement refusés à présider les sections électorales établies dans la commune de Toulouse, avec les instructions données, pour le scrutin du 20 décembre 1851, furent considérés comme démissionnaires, par décision du préfet Piétri, prise le 19 janvier 1852.

Nous prions nos lecteurs de nous permettre une courte digression, pour rappeler les rancunes de ce gouvernement soi-disant *honnête*. M. Auguste d'Aldéguier, conseiller à la Cour d'appel, de 1826 à 1863, époque de sa mise à la retraite, était un homme philanthrope, remplissant de nombreuses fonctions gratuites, est mort, le croirait-on, le 18 août 1866, sans être décoré de la Légion d'honneur, ainsi que M. Arzac, ancien maire de Toulouse, etc., etc. ; et pourtant cette décoration a été bien avilie depuis 1851.

Le Conseil municipal de Toulouse, ayant été convoqué par permission du préfet Piétri, se réunit le 20 janvier, pour voter à son tour une adresse de félicitations à M. le président de la République. Le maire Sans présenta un projet d'adresse ; mais, sur les observations de quelques membres, une commission composée de MM. Caze, conseiller à la Cour d'appel ; Féral, avocat ; Rolland et Joseph Boisselet, avocat, ayant été nommée, elle en proposa une nouvelle qui fut adoptée comme suit :

« Monsieur le Président de la République,

« Le grand homme dont vous portez dignement le nom, mérita surtout la reconnaissance de la Patrie en domptant l'anarchie et reconstituant sur ses bases la société bouleversée.

« En présence d'éventualités aussi menaçantes, et dont vous avez pu connaître mieux que nous les dangers, vous avez résolu d'assurer l'avenir du pays.

« La volonté Nationale, manifestée par d'innombrables suffrages, a sanctionné vos patriotiques efforts.

« La France vous a confié ses destinées. Vous avez rendu au pouvoir cette forme qui garantit la sécurité et peut seule conserver, sans péril pour l'ordre et le repos public, les libertés conquises en 1789.

« Poursuivez, PRINCE, la noble tâche remise en vos mains, et bientôt le pays verra se rétablir les espérances qu'il a fondées sur votre sagesse. »

(Suivent les signatures.)

Nous le répétons, toutes ces adresses n'étaient votées que par ordre de l'autorité supérieure.

Le département de la Haute-Garonne, comptant près de cent quarante mille électeurs inscrits, il fut décidé qu'il n'aurait que quatre députés au Corps législatif, d'après les bases de la nouvelle Constitution de la République.

M. de Maupas, préfet de police, s'étant fait nommer ministre de la police générale de France, M. Piétri, préfet de la Haute-Garonne, fut appelé à la préfecture de police à Paris, par décret du 1er février 1852.

Un décret du gouvernement provisoire, daté du 29 février 1848, avait supprimé les qualités nobiliaires ; il fut abrogé par un décret du président de la

République du 24 janvier 1852. Ce dernier décret a été rendu, sans doute, pour mettre à leur aise les barons, comtes et marquis, serviteurs du gouvernement impérial. C'est ici le cas de démontrer une fois de plus la soumission de la majorité du Corps législatif. En 1858, le gouvernement lui demande de voter une loi contre les usurpateurs de titres nobiliaires; la majorité, composée de plus de la moitié d'usurpateurs de titres, vota cette loi comme un seul homme.

MM. Dabeaux et Jean Gasc, anciens représentants de la Haute-Garonne, ex-membres de la commission consultative du 2 décembre 1851, furent nommés, le 25 janvier, maîtres des requêtes au conseil d'État.

Un décret du président de la République française, en date du 30 janvier, avait organisé le ministère de la police générale, et créait neuf inspecteurs généraux pour le service départemental de la police. Un de ces inspecteurs eut sa résidence à Toulouse, et ses attributions s'étendaient sur les 11e et 12e divisions militaires. Il établit ses bureaux rue Saint-Antoine-du-T, 9, dans l'hôtel Thibaut. Il disposait de fonds secrets et centralisait les rapports sur la politique plus particulièrement. Cette administration fut supprimée après l'établissement de l'Empire.

Alors, la police de Toulouse, réorganisée, passa du maire au préfet. Elle se composait : d'un inspecteur général, M. Chopin d'Arnouville; d'un commissaire central, M. Cazeaux; de huit commissaires de police, de trente agents, de treize sergents de ville, de quarante-six surveillants de nuit dont dix-huit faisaient

le service de jour. A ces nombres, il faut ajouter les
agents de la police occulte, qui correspondaient directement avec le préfet et avec l'inspecteur général, et
ceux de la police secrète. Du reste, on sait que la police a été un grand point d'appui pour le gouvernement de Bonaparte.

Un décret du 1er février nomma M. Bert préfet de
la Haute-Garonne, en remplacement de M. Piétri,
nommé préfet de police à Paris.

Afin de faire un peu plus de terreur, le préfet fit
publier dans tout le département la décision suivante :

« Préfecture de la Haute-Garonne.

« Nous, préfet de la Haute-Garonne, vu la circulaire de M. le ministre de l'intérieur, en date du
29 janvier; attendu qu'il résulte d'un examen appro-
fondi que, parmi les individus arrêtés à la suite des
événements de décembre, quelques-uns, bien que
s'étant livrés à des actes très coupables, peuvent cependant être considérés comme n'ayant été qu'égarés et
n'avoir agi que par faiblesse ou par ignorance,

« Arrêtons :

« Article 1er. Seront mis immédiatement en liberté
les sieurs :

« Pierre Pech, Jean-Joseph-Charles Fox, Joseph-
Edouard Abadie, François Cazeneuve, André Caux,
Jean-Baptiste Abadie, Jean Cassan, Simon-Louis
Clair, Alphonse Gottreux, Guillaume Durand, Fran-
çois Lavigne, Jean Tauriac, Léopold Cassagne, Théo-

dore Coudom, Bernard Debernat, Fréderic Boyer, Henri Boyer, Larrieu, Isidore Viguié, Pierre Vincent, Raymond Béret, Philippe Melet, Antoine Gerla, Jean Lartigue, détenus à la prison de Toulouse.

« Latrille, Puysségur dit *Bonaparte*, Bertrand Pons, Alphonse Mariande, Félix Masse, Adoue, Lamane, détenus dans la prison de Saint-Gaudens.

« Art. 2. M. le sous-préfet de Saint-Gaudens et M. le commissaire central de police sont chargés, en ce qui les concerne, de l'exécution du présent arrêté.

« Toulouse, le 4 février 1852.

« *Le conseiller de préfecture, secrétaire général,*
préfet par intérim,

« E. PUJOL. »

Une remarque importante à faire, c'est que la Cour d'appel avait évoqué ces affaires, qu'elle avait nommé des conseillers instructeurs, et c'est le préfet qui décide. La Justice se courbe devant le Ministre de l'intérieur. Du reste, les mêmes ordres furent donnés à tous les préfets de France, qui les exécutèrent à quelques jours de date.

Les nouvelles circonscriptions électorales et leur nombre furent fixés par un décret du *prince-président*, portant la date du 3 février. Nous en extrayons ce qui est relatif au département de la Haute-Garonne.

1re CIRCONSCRIPTION. — Arrondissement de *Toulouse :* Toulouse (centre), Fronton, Montastruc, Verfeil, Villemur. — *Villefranche :* Caraman, Lanta, Revel, Villefranche.

2ᵉ CIRCONSCRIPTION. — Arrondissement de *Toulouse* · Toulouse (cantons nord, sud et ouest), Cadours, Castanet, Grenade, Léguevin. — *Muret* : Muret, Saint-Lys.

3ᵉ CIRCONSCRIPTION. — Arrondissement de *Muret* : Auterive, Carbonne, Rieumes, Rieux. — *Villefranche* : Montgiscard, Nailloux. — *Saint-Gaudens* : Saint-Martory, Salies.

4ᵉ CIRCONSCRIPTION. — Arrondissement de *Saint-Gaudens* : Aspet, Aurignac, Bagnères-de-Luchon, Boulogne, l'Isle-en-Dodon, Montréjeau, Saint-Béat, Saint-Bertrand, Saint-Gaudens.

Voilà une vraie *bouilla-baysse* électorale. N'était-il pas plus franc et plus régulier de donner cinq députés au département de la Haute-Garonne, vu sa population de 493,777 habitants, un pour la commune de Toulouse et quatre pour les arrondissements ? Il est vrai de dire que l'administration n'aurait pu faire les élections à sa guise. Le 3 février, les ministres de la justice, de la guerre et de l'intérieur adressèrent la circulaire collective suivante à MM. les procureurs généraux, préfets et généraux :

« Paris, le 3 février 1852.

« Monsieur le procureur général,

« Animé du désir de mettre un terme aux difficultés qu'ont fait naître les nombreuses arrestations opérées à la suite des derniers troubles et de voir la société délivrée des pernicieux éléments qui menaçaient de la dissoudre, le Gouvernement veut qu'il soit statué

« dans le plus bref délai possible » sur le sort de tous les individus compromis dans les mouvements insurrectionnels ou les tentatives de désordre qui ont eu lieu depuis le 2 décembre.

« Déjà, par une circulaire du 29 janvier insérée au *Moniteur*, M. le ministre de l'intérieur a donné l'ordre aux préfets de faire mettre sur-le-champ en liberté tous ceux des détenus qu'ils jugeraient avoir été seulement égarés et pouvoir être relaxés sans danger pour la sécurité publique.

« MM. les préfets se seront sans doute empressés de répondre à cet égard aux intentions du prince-président, et ceux qui ne l'auraient point fait encore devront prescrire l'élargissement immédiat de tous les détenus susceptibles d'être mis en liberté sans autre examen, et en rendre compte, dans le plus bref délai, aux ministres de la guerre et de l'intérieur.

« Après l'examen de cette mesure, il restera dans les prisons un certain nombre d'individus, plus ou moins compromis, à l'égard desquels il convient également de prendre une prompte détermination.

« Le Gouvernement a pensé que, pour concilier à la fois les intérêts de la justice, de la sûreté générale et de l'humanité, il ne pouvait mieux faire que de confier dans chaque département le jugement de ces inculpés à une sorte de tribunal mixte, composé de fonctionnaires de divers ordres, assez rapprochés des lieux où les faits se sont passés pour en apprécier le véritable caractère, assez haut placés dans la hiérarchie pour comprendre l'importance d'une semblable mission, *en accepter résolûment la responsabilité*, et offrir à la société comme aux particuliers toute garantie d'intelligence et d'impartialité.

« Afin de laisser à ces commissions départementales une entière liberté d'appréciation, toutes les autorités judiciaires, administratives ou militaires, qui ont pu jusqu'ici être chargées d'informer sur les derniers événements, telles que les commissions militaires, juges et commissions d'instruction, etc. (1), sont, dès à présent, *complétement dessaisies et doivent cesser leurs opérations*.

« Toutes les pièces de procédure, actes d'information, procès-verbaux et autres documents recueillis, seront immédiatement renvoyés à la préfecture pour y être centralisés et mis à la disposition de la commission.

« Voici maintenant comment sera composée et comment procédera cette commission :

« § 1er. La commission sera composée : au chef-lieu d'une division militaire : du commandant de la division, du préfet et du procureur général où du procureur de la République ; au chef-lieu de Cour d'appel, qui ne sera pas chef-lieu d'une division militaire : du préfet, du commandant militaire du département et du procureur-général ; dans tous les autres départements : du préfet, du commandant militaire et du procureur de la République du chef-lieu.

« § 2. La commission, ainsi composée, se réunira à l'*hôtel de la préfecture*. Là, elle compulsera tous les

_____

(1) *Etc.*, qui voulait dire, sans aucun doute, *de police secrète*.

documents *qui auront été mis à sa disposition*, soit par les parquets, soit par les commissions militaires, soit par les administrations civiles (1), et, après un mûr examen, elle prendra, à l'égard de chaque inculpé (2), une décision qui sera transcrite sur *un registre avec les motifs à l'appui et signés des trois membres* (3).

« Si, pour quelques inculpés, elle ne se trouvait pas suffisamment éclairée par les documents déjà recueillis, elle ordonnerait un supplément d'informations qui pourrait être fait *indistinctement* par tout agent judiciaire, administratif ou militaire.

§ 3. Les mesures qui pourront être appliquées suivant le degré de culpabilité, les antécédants politiques et privés (4), la position de la famille des inculpés, sont les suivantes :

« Le renvoi devant les conseils de guerre ;

« La transportation à Cayenne ;

« La transportation en Algérie (deux classes exprimées par ces mots : *plus, moins*) ;

« L'expulsion de France ;

« L'éloignement momentané du territoire ;

« L'internement, c'est-à-dire l'obligation de résider dans une localité déterminée ;

---

(1) Les ministres ne parlent pas de l'agent municipal : *la police.*

(2) De l'inculpé qui n'est admis ni à se défendre, ni à se justifier.

(3) Où se trouve-t-il actuellement ce registre qui a été déposé dans les archives départementales de la Haute-Garonne, avec les autres documents, que réclamait tout récemment M. de Kératry à la tribune du Corps législatif ?

(4) Ce sont les complices de Bonaparte, qui avaient l'audace de faire un crime à d'honnêtes gens de leurs antécédents politiques.

« Le renvoi en police correctionnelle ;.

« La mise sous la surveillance du ministère de la police générale ;

« La mise en liberté.

« Toutefois, la commission ne renverra devant les conseils de guerre que les individus convaincus de meurtre ou de tentative de meurtre(1), et ne prononcera la transportation à Cayenne que contre ceux des inculpés qui seront repris de justice.

« Dans les départements qui n'ont pas été déclarés en état de siége, la transportation à Cayenne sera prononcée contre les individus de la première catégorie, même non repris de justice.

« § 4. Aussitôt que les délibérations seront closes (2), un état des affaires, sur lesquelles *il aura été définitivement statué*, sera dressé en triple expédition et envoyé aux ministères de LA JUSTICE, de l'intérieur et de la guerre.

« Cet état contiendra : 1° les noms et prénoms, lieu de naissance et domicile *des inculpés* ; 2° la décision prise à l'égard de chacun d'eux ; 3° dans une colonne d'observations, un résumé succinct de la délibération et, particulièrement, les motifs qui auront déterminé la commission à placer l'inculpé dans la catégorie

---

(1) Aucun *individu*, comme disaient les ministres du coup-d'Etat, ne fut renvoyé devant le conseil de guerre par la Commission mixte de la Haute-Garonne, composée totalement de personnes étrangères à notre pays.

(2) Sans défense, sans appel, sans recours à la justice de la Nation. *Que de vengeances assouvies, que de rancunes satisfaites !...*

indiquée par la décision, de manière à ce que le gouvernement puisse juger du mérite des classifications.

« § 5. Les présentes instructions ont été délibérées en commun par les ministres de la justice, de l'intérieur et de la guerre ; elles doivent donc être exécutées de concert par les fonctionnaires désignés qui dépendent des trois départements. Ces fonctionnaires auront à se pénétrer de la double pensée qui les a dictées : ACCORD ENTRE TOUTES LES AUTORITÉS pour concourir à une grande mesure de justice et de sûreté générale ; *célérité dans les décisions à prendre*, afin de faire cesser au plus tôt une situation qui ne peut se prolonger davantage.

« Le Gouvernement compte assez *sur la haute intelligence et le dévouement des membres qui composent la commission*, pour être convaincu *qu'ils marcheront ensemble dans une parfaite entente* et avec toute l'activité dont ils sont capables vers le but qu'il s'agit d'atteindre *dans un court délai*. Le Gouvernement désire que tout le travail soit terminé et le sort des inculpés fixé au plus tard à la fin du mois de février (1).

« § 6. Ces instructions ne sont pas applicables aux départements qui composent la première division militaire.

« Pour les autres départements, elles remplaceront

(1) Voilà un ordre en matière de justice ; la circulaire est datée de Paris, 3 février 1852. Il s'agit de la publier, de la signifier et de trouver des individus pour composer les Commissions mixtes, le tout avant la fin de février.

toutes celles qui auraient pu être adressées jusqu'ici, relativement au même objet, aux chefs de la justice, de l'administration et de l'armée, et qui seront considérées dès lors comme non avenues.

« Recevez, Monsieur le procureur général, l'assurance de notre considération très distinguée.

« *Le garde des sceaux, ministre de la justice,*

« ABBATUCCI,

« *Le ministre de la guerre,*

« A. DE SAINT-ARNAUD,

« *Le ministre de l'intérieur,*

« F. DE PERSIGNY. »

Les commissions mixtes du ressort de la Cour d'appel furent ainsi composées :

HAUTE-GARONNE : M. Piétri, préfet du département; M. Fauconneau-Dufresne, procureur-général près de la Cour d'appel ; M. Reveu, général de division, commandant la 10e division.

ARIÈGE : M. Didier, préfet du département; M. Colomb de Batines, procureur de la République à Foix ; M.   , général commandant la subdivision ;

TARN : M. Auguste Taillefer, préfet du département; M. Albert Villeneuve, procureur de la République à Albi ; M.   , général commandant.

TARN-ET-GARONNE : M. Dufay dit *de Launaguet* (né à Castelnaudary), préfet du département; M. Augustin Gairal, procureur de la République à Montauban; M. Bourjade, général de brigade, commandant la subdivision militaire.

Un décret du prince-président de la République porta création de douze conseils de révision pour toutes les divisions militaires de l'intérieur et de l'Algérie. Le conseil de révision, séant à Toulouse, comprit dans son ressort les conseils de guerre des 10e, 11e et 12e divisions militaires, donc onze départements.

Dans sa séance du 14 février, la Commission mixte chargée de prononcer sur le sort des détenus politiques, ordonna la mise en liberté de MM. Armand Leygue et Guillaume Rey, commissaire priseur. Elle rendit aussi une ordonnance de non-lieu en faveur de MM. Bauguel, Besaucèle, Estenave, Layerle, Cassagne, Baldairous, Riscle, Grimailh, Fabre, avocat.

Les pouvoirs des membres des conseils généraux, des conseils d'arrondissement et des conseils municipaux, soumis à réélection, suivant la loi, furent prorogés, pendant trois mois, à partir du 24 janvier 1852, en vertu d'un décret du président de la République.

Les électeurs ayant été convoqués pour les élections des députés au Corps législatif, dans les premiers jours de février, l'administration seule présenta des candidats à cette députation, qui furent chaudement appuyés par le préfet, les sous-préfets, les maires et par tous leurs agents subalternes. C'étaient : MM. Boyer de Tauriac, Perpessac, Massabiau et Duplan.

La Commission mixte continuait toujours ses travaux ; elle prononça la mise en liberté de MM. Janot, Lucet, Dosset, Bordes et Gerla. Ce qui fut exécuté le 23 février. Une ordonnance de non-lieu fut rendue en faveur de MM. L. Amiel et Frédéric Mondouis.

Le 28 février, ce fut le tour de M. Jacques Castex aîné de recouvrer la liberté; et une ordonnance de non-lieu fut également rendue en faveur de MM. de Saint-Gresse, avocat, Méric, Montet, Rolland, Rives et Valliége.

Les contumaces dont les noms suivent purent aussi rentrer dans leur domicile; mais ils devaient rester sous la surveillance de l'autorité supérieure; c'étaient les nommés : F. Cazeneuve, rédacteur de l'*Émancipation*, Meilhon, Pélissier aîné, Réjeau, Antoine Taupiac, Jean Grillou, Gazave. Nonobstant les décisions de relaxe ou de renvoi prises par la Commission mixte, plusieurs personnes furent reprises par l'administration pour être exilées, internées ou surveillées. Les arrestations se faisaient illégalement, sans mandat régulier et pendant la nuit. Ces citoyens étaient, pour la plupart, détenus depuis le 3 décembre 1851.

M. Choppin d'Arnouville, nommé inspecteur général de police, arriva à Toulouse le 28 férvier, et fut immédiatement installé dans ses fonctions.

Voici les résulats définitifs des élections de la députation de la Haute-Garonne au Corps législatif, faites le 29 février :

1re Circonscription : Electeurs inscrits, 37,336; votants, 23,607. — M. Perpessac, candidat officiel, obtint 19,971 suffrages.

2ᵉ Circonscription : Électeurs inscrits, 33,798 ; votants, 21,398. — M. Boyer de Tauriac, candidat officiel, obtint 19,301 suffrages.

3ᵉ Circonscription : Électeurs inscrits, 33,074 ; votants, 24,596. — M. Massabiau, candidat officiel, obtint 23,952 suffrages.

4ᵉ Circonscription : Électeurs inscrits, 33,394 ; votants, 23,258. — M. Duplan, candidat officiel, obtint 13,525 suffrages.

On a beaucoup douté de la sincérité de ces élections, dont on ne pouvait faire aucune critique sans courir le risque d'être arrêté et ensuite transporté en Algérie comme homme dangereux.

Le 10 mars 1852, le parti républicain fit une grande perte : le citoyen Armand Marrast mourut, ce jour-là, à Paris. M. Armand Marrast, né à Saint-Gaudens (Haute-Garonne) en 1802, ancien rédacteur du *National*, puis membre du Gouvernement provisoire de 1848, fut successivement maire de Paris, député à l'Assemblé constituante par le département de la Haute-Garonne, et président de cette Assemblée ; membre du conseil général, élu par le canton de Saint-Gaudens, le 4 octobre 1848. Il était le rédacteur de la Constitution de la République de 1848.

Le premier convoi des détenus politiques du Gers dirigés sur l'Algérie, arriva à Toulouse le 20 mars, à 5 heures du soir. Ils étaient au nombre de 144, provenant des prisons d'Auch, de Condom et de Lectoure. Ces hommes étaient partis d'Auch à 3 heures du

matin, et avaient été placés sur douze prolonges
d'artillerie envoyées de Toulouse. Ils furent conduits
à la prison du Palais-de-Justice, sous l'escorte de
nombreuses troupes de la garnison. 70 partirent le
lendemain, dimanche, à 5 heures du matin, par le
bâteau-poste à la destination de Cette. Le deuxième
convoi du Gers, composé de 74 prisonniers politiques,
arriva à Toulouse le 23 mars. Ils partirent le 25 au
matin par le bateau-poste pour Cette. En tout, 218(1).

Nous remarquâmes que le préfet de la Haute-
Garonne, l'inspecteur général de police, le procureur
général, le maire de Toulouse et MM. les membres
de l'administration des prisons visitèrent, le 21 mars,
la maison d'arrêt du Sénéchal où étaient détenus les
hommes politiques.

Les détenus politiques de l'Ariége, au nombre
de 19, partirent des prisons de Foix pour l'Algérie,
le 20 mars.

Ceux de l'Aude furent ainsi répartis : 16 pour être
transportés en Algérie, dont 5 *plus* et 11 *moins;*
21 expulsés de France ; 15 internés hors du département ; 155 placés sous la surveillance de la haute
police de MM. de Maupes et Piétri.

Les détenus politiques du Tarn, au nombre de 50,
arrivèrent à Toulouse, le 25 mars, sur quatre pro-

(1) Le *Journal officiel* du 10 octobre 1870, donne un extrait des
papiers des Tuileries, constatant qu'après le 2 décembre 1851,
26,642 citoyens ont été arrêtés, dont 14,118 ont été déportés, bannis ou détenus.

longes escortées par un détachement de hussards et
de gendarmes.

Voici les décisions prises par la Commission mixte
de la Haute-Garonne à l'égard de chaque détenu
politique.

Douze partirent de Toulouse pour l'Algérie, le
25 mars. Ce sont :

MM. Paul Crubailhes, rédacteur de la *Civilisation* ;
Jean Estrade ; Louis Cartié ; Étienne Rolland, tailleur
de pierre ; Bernard-Jacques Loubeau ; Henri-Noël
Godoffre, homme d'affaires ; Clément Moré, de Muret ;
Michel Mandement, maître charpentier ; Jean-Guil-
laume Milhau, compositeur typographe ; François
Cazeneuve, rédacteur de l'*Émancipation* ; Bernard
Debernat ; Armand Duportal, rédacteur de l'*Émanci-
pation*.

M. Jean Broussouse, huissier à Muret, condamné
à la déportation à Cayenne ; il partit le 27 mars.

MM. Vivent, Pégot-Ogier, Lucet, Cazalas, Pratviel-
Lange furent expulsés du territoire français.

MM. Achard, Mondouis, Carolis, Bégué, Brun,
Pébernat, Talour, Gaillard, pour être internés hors
du département et mis sous la surveillance de la
haute police.

MM. Mulé père, Debernat, Roquelaine, Tachoire,
internés hors du département, sans surveillance.

Le samedi, 27 mars, on conduisit de Toulouse à
Perpignan, sous escorte militaire, les dix-sept détenus
politiques de cette dernière ville qui, après avoir été
acquittés par la Cour d'assises de la Haute-Garonne,

avaient été retenus par le préfet des Pyrénées-Orientales, le fameux Pougeard-Dulimbert.

Le même jour, 27 mars, dans l'après-midi, arriva à Toulouse un convoi de onze condamnés politiques de Tarn-et-Garonne, dirigé sur l'Algérie.

Le commissaire de police de Saint-Gaudens notifia, le 29 mars, à MM. Philibert Abadie et Pégot-Ogier, pharmacien, la décision de la Commission mixte de la Haute-Garonne, qui avait décidé que M. Philibert Abadie serait expulsé du territoire français, et M. Pégot-Ogier éloigné du département sous la surveillance de la haute police.

On doit remarquer une chose importante, c'est que le Gouvernement qui a fait arrêter, d'après un chiffre officiel, 26,642 personnes, dont un nombre déterminé *au minimum* dans chaque département, se trouve souvent embarrassé de *sa réussite*. Il donne des ordres et des contre-ordres coup sur coup. En voici un nouvel exemple : dans une dépêche, datée du 25 mars, adressée à tous les généraux commandant les divisions et les subdivisions militaires, il leur fut enjoint de suspendre tout mouvement de transportation sur l'Algérie, et de faire arrêter la marche des prisonniers qui seraient en route. »

Les détenus du département du Lot passèrent à Toulouse au nombre de 28 ; ils étaient ainsi répartis : 13 pour l'Algérie, 4 pour Cayenne, et les autres pour l'internement hors du département.

Mais si le Gouvernement était préoccupé de sa défense, il ne négligeait point les intérêts de ses complices ; nous en trouvons la preuve dans le décret du 29 mars, signé par le président de la République, portant le traitement des préfets de première classe à 40,000 fr. ; celui des secrétaires généraux, à 10,000 fr. ; celui de conseillers de préfecture, à 3,000 fr. De plus, logés, éclairés, chauffés, etc. La préfecture de la Haute-Garonne appartenait à la première classe.

M. le colonel Espinasse, aide de camp du prince-président de la République, arriva à Toulouse le 2 avril, chargé de l'inspection des travaux des Commissions mixtes dans les départements de l'Aude et de l'Hérault. C'est le même colonel dont il est si souvent parlé dans l'ouvrage de M. Eugène Ténot, sur le coup-d'État à Paris.

M. Vivent, qui avait été condamné par la Commission mixte de la Haute-Garonne à l'expulsion du territoire français, et MM. Achard, Gardes, Albert Brun et Frédéric Mondouis, qui avaient été mis par la même Commission sous la surveillance de la haute police, obtinrent la remise de leur peine, décision prise, dit-on, par M. le colonel Espinasse.

Le 4 avril, le commissaire de police de Saint-Gaudens signifia à M. Jean-Pierre-Germain-Gustave Chayron, pharmacien à Mane, détenu dans la maison d'arrêt de Saint-Gaudens, la décision de la Commission mixte de la Haute-Garonne, qui le condamnait à être interné dans un autre département et placé sous la surveillance de la haute police.

Quelques jours après, le 10 avril, on fit partir un nouveau convoi de condamnés politiques, au nombre de vingt-quatre, pour la déportation. Ils furent aussi embarqués dans un bâteau-poste, sur le canal du Midi.

Le 13 avril partirent les députations des divers corps de la garnison de Toulouse qui devaient assister, à Paris, le 10 mai suivant, à la distribution solennelle des nouveaux drapeaux surmontés de l'aigle impériale. Et cela se passait en pleine République !

La peine de l'expulsion prononcée contre le sieur Cazalas, fabricant de chapeaux, toujours par la Commission mixte de la Haute-Garonne, fut commuée en celle de la surveillance.

Le préfet de la Haute-Garonne adressa la circulaire suivante à MM. les sous-préfets, maires, commandants de gendarmerie et commissaires de police :

« Toulouse, le 15 avril 1852.

« Messieurs,

« Parmi les individus *compromis* dans les mouvements insurrectionnels *qui ont éclaté en décembre dernier*, et sur le sort desquels la Commission mixte de la Haute-Garonne a été appelée à prononcer, un grand nombre ont été envoyés, soit dans leurs familles, soit dans une résidence obligée, mais ont été placés sous la surveillance de M. le ministre de la police générale.

« L'effet du renvoi sous la surveillance de la police est de conférer à l'autorité le droit et le devoir d'exercer un contrôle vigilant sur la conduite de ces individus.

« En conséquence, vous recevrez très prochainement, Messieurs, en ce qui vous concerne, une liste nominative des condamnés politiques de cette catégorie. L'arrêté ci-après indique les mesures prescrites pour assurer l'exécution de cette surveillance.

« Je vous prie, Messieurs, de vous conformer aux dispositions contenues dans cet arrêté. *Outre le compte exact que vous avez à me rendre de la condutie de toutes les personnes placées sous votre surveillance*, vous m'adresserez, lorsque les circonstances l'exigeront, des rapports spéciaux sur les faits particuliers que vous auriez à constater à leur égard.

« Recevez, Messieurs, l'assurance de ma considération très distinguée.

« *Le préfet de la Haute-Garonne,*

« BRET. »

« ARRÊTÉ :

« Nous, préfet de la Haute-Garonne, commandeur de la Légion d'honneur, vu le décret du 5 mars 1852 ; vu les instructions de M. le ministre de la police générale et les décisions de la Commission mixte de ce département, *arrêtons :*

« Article 1er. Les individus internés dans le département de la Haute-Garonne, en vertu des décisions de la Commission mixte du département où ils sont domiciliés, et ceux qui sont placés sous la surveillance de la police générale par la Commission mixte de la Haute-Garonne, sont soumis aux dispositions suivantes :

« Art. 2. Les étrangers au département, internés,

seront tenus de se présenter, au moins *deux fois par mois*, devant le commissaire de police de la ville où leur résidence a été fixée, ou, à défaut de commissaire de police, devant le maire de la commune.

« Art 3. Ces comparutions seront l'objet d'un rapport spécial qui sera adressé, toutes les quinzaines, par les maires ou les commissaires de police, selon les cas prévus par le précédent article, directement à Nous pour l'arrondissement de Toulouse, et à MM. les sous-préfets pour les autres arrondissements.

« Art. 4. Les individus internés ne peuvent quitter le lieu qui leur a été assigné pour résidence, sans notre autorisation. Toute infraction au présent article donnera lieu à l'arrestation immédiate des contrevenants, et ils seront punis de la peine de l'expulsion ou de l'éloignement du territoire français.

« Art. 5. Les individus placés sous la surveillance sont tenus de se présenter, au moins *une fois par mois*, devant M. le maire ou le commissaire de police. Ces comparutions seront l'objet des rapports spéciaux qui me seront adressés tous les mois par les autorités sus-mentionnées, directement pour l'arrondissement chef-lieu, et à MM. les sous-préfets pour les autres arrondissements. Tout individu de cette catégorie qui sera trouvé dans un des lieux dont la résidence lui aura été interdite, sera interné dans un autre département.

« Art. 6. Une liste des individus internés et placés sous la surveillance de la police, sera remise aux maires des communes de leur résidence et à la gendarmerie.

« Art. 7. Tout individu soumis à la surveillance, qui ne se présentera pas devant l'autorité aux époques indiquées dans les articles 2 et 5 du présent arrêté, sera immédiatement arrêté et mis à notre disposition.

« Art. 8. Toute demande de changement de résidence formée par les individus dont il s'agit, nous sera adressée par l'intermédiaire de MM. les maires ou de MM. les sous-préfets.

« Art. 9. MM. les sous-préfets, maires, commandants de la gendarmerie et commissaires de police sont chargés, chacun en ce qui le concerne, d'assurer l'exécution du présent arrêté, qui sera communiqué aux intéressés par les soins de l'autorité municipale.

« *Le préfet de la Haute-Garonne,*

« BRET. »

Le 15 avril, M. le préfet fit publier dans le département un arrêté relatif à l'exécution du décret du 8 décembre 1851, sur la surveillance et sur les sociétés secrètes. Nous devons faire remarquer que depuis le 2 décembre 1851, personne ne pouvait s'établir maître d'hôtel, aubergiste, cabaretier, cafetier, limonadier, sans une autorisation spéciale.

Jamais gouvernement n'avait pris plus de précautions pour sa conservation ; un rien l'ombrageait. Toutes les réunions publiques furent interdites ; les réunions privées au-dessus de *treize* personnes étaient suspectes ; le moindre stationnement de quelques personnes sur la voie publique était dispersé par la police, et, généralement, avec inconvenance. Enfin, on avait l'habitude à Toulouse, dans les cas d'incendie, de donner l'alarme en sonnant l'*Augustine* ou le tocsin, et aussitôt la population était sur pied. On craignait que cette sonnerie ne fût, à un moment donné, comme jadis le beffroi de l'Auxerrois, le signal du combat. On supprima le tocsin, et afin d'être bien sûr de la suppression de ce bourdon d'appel, on fit enlever la corde attachée au battant.

Le *Moniteur* du 22 avril contenait un décret du président de la République nommant M. Bret préfet du Rhône, et M. de Chapuis-Montlaville, préfet de l'Isère, à la préfecture de la Haute-Garonne.

Le 24 avril eut lieu au Palais de Justice de Toulouse la prestation du serment de MM. les membres de la Cour d'appel, du greffier en chef, des commis-greffiers, des avoués, etc., en exécution des décrets du 22 mars et 5 avril 1852.

Voici comment le *Journal de Toulouse* a rendu compte de cette audience :

« Bien avant l'heure fixée pour cette cérémonie, le prétoire de la salle d'audience était occupé par les autorités de notre ville : M. le général Reveu, commandant la 12e division militaire ; M. le préfet Bret ; M. l'inspecteur général de police ; les généraux Tatareau et Thiry ; M. le lieutenant-colonel de Lostanges, commandant la place de Toulouse ; le commandant de la gendarmerie ; MM. les membres du conseil de préfecture ; M. le maire et ses adjoints ; les membres du tribunal civil de première instance ; le tribunal de commerce ; les juges de paix de la ville de Toulouse ; M. le recteur de l'Academie ; M. le doyen de la Faculté de droit, etc., en tenue, occupaient les siéges réservés. Le service était fait par la gendarmerie départementale et par une compagnie du 66e régiment de ligne en garnison dans notre ville.

« Les membres du barreau occupaient le premier rang des banquettes, le second et le troisième étaient réservés aux avoüés et aux huissiers. Le reste de la salle où se trouvait le public était complétement rempli. On venait assister à la prestation d'un nouveau serment, dont voici la formule :

« Je jure obéissance à la Constitution et fidélité au « Président. Je jure aussi et promets de bien et fidé- « lement remplir mes fonctions, de garder religieuse- « ment le secret des délibérations, et de me conduire « en tout comme un digne et loyal magistrat. »

« A midi précis, la Cour, en robes rouges, entra en séance. Après une messe basse, qui a été dite par M. l'abbé Roger, vicaire général de Mgr l'archevêque, et le chant du *Domine, salvum fac Rempublicam, Domine, salvum fac Ludovicum Napoleonem*, l'audience a été ouverte par un discours de M. le procureur-général, auquel a succédé M. le premier président. (Ces deux discours ont été publiés dans le *Journal de Toulouse* du 26 avril).

« M. le premier président a ensuite prononcé la formule du serment des magistrats, que nous avons donnée plus haut, et appelé successivement chaque membre de la Cour et du parquet ; chacun a répondu : *Je le jure !*... M. le greffier en chef et les commis-greffiers ont aussi prêté serment.

« MM. les avoués de la Cour et les huissiers audienciers, après la lecture de la formule du serment et l'appel par le greffier en chef, ont aussi prêté le serment exigé par les décrets. »

Puis, des conseillers de la Cour furent désignés pour aller recevoir le serment des divers tribunaux du ressort ; voici leurs noms :

M. le président Garrisson, pour le tribunal civil de Toulouse, le 26 avril ;

M. le président Martin, pour le tribunal de commerce de Toulouse, le 27 avril ;

M. Niel, président à Muret, pour les tribunaux de Muret et de Saint-Gaudens, les 26 et 27 avril ;

M. Delquié, pour Villefranche, le 26 avril ;

M. de Guer, pour le tribunal de Saint-Girons, le 27 avril ;

M. Denat, pour les tribunaux de Foix et de Pamiers, les 26 et 27 avril ;

M. Caze, pour le tribunal de Montauban, le 26 avril ;

M. de Labaume, pour les tribunaux de Castelsarrasin et de Moissac, les 26 et 27 avril ;

M. Tarroux, pour les tribunaux de Gaillac et d'Albi, les 26 et 27 avril ;

M. Azaïs, pour les tribunaux de Lavaur et de Castres, les 26 et 27 avril.

Depuis le 1er décembre 1851 jusqu'au 27 avril 1852, la magistrature et les parquets étaient présidés, dans le ressort de la Cour d'appel de Toulouse, par les magistrats dont les noms suivent :

Cour d'appel de Toulouse : M. Constance Piou, premier président ; M. Henri-Abel Fauconneau-Dufresne, procureur général.

Tribunal civil de Toulouse : M. Prosper Darnaud, président ; M. Alcibiade Fossé, procureur de la République.

Tribunal de Villefranche : M. Génie, président ; M. Bellecour, procureur de la République.

Tribunal de Muret : M. Gaston Niel, président ; M. Latour, procureur de la République.

Tribunal de Saint-Gaudens : M. Théodore Tatareau, président ; M. Baron, procureur de la République.

ARIÉGE. — *Tribunal de Foix* : M. Guiraud, président ; M. Colomb de Batines, procureur de la République.

Tribunal de Pamiers : M. Auguste Borelly, président ; M. Cabantous, procureur de la Républqne.

Tribunal de Saint-Girons : M. F. Sacase, président ; M. Mercié, procureur de la République.

TARN. — *Tribunal d'Albi* : M. Victor Fort, président ; M. Albert Villeneuve, procureur de la République.

Tribunal de Castres : M. Miquel, président ; M. Nestor Serville, procureur de la République.

Tribunal de Gaillac : M. Ferdinand Carol, président ; M. Audibert, procureur de la République.

Tribunal de Lavaur : M. Barbe, président ; M. Doumenjou, procureur de République.

TARN-ET-GARONNE. — *Montauban* : M. Alexandre

Cornac, président ; M. Augustin Gairal, procureur de la République.

Castelsarrasin : M. Lespiau, président ; M. Chené, procureur de la République.

Moissac : M. Boscus, président ; M. Sacarrère, procureur de la République.

M. Lasmastres, qui, après le 2 décembre, s'était démis de ses fonctions de maire de la commune de Bérat, qu'il exerçait depuis plus de vingt ans, refusa de prêter serment en sa qualité de membre du conseil général de la Haute-Garonne, protestant ainsi contre les actes de l'administration et contre le coup-d'État, et donna sa démission. MM. Bernard Capelle, Albert Martin d'Ayguesvives, Puntous, de Berghes et Latour, le suivirent, pour le même motif, dans sa retraite.

Dans la séance du conseil municipal du 15 mai, sur le rapport de M. Loubers, on vota « que la ville de Toulouse célébrera avec toute la pompe et l'éclat dignes de l'armée à laquelle elle est offerte, et de la ville qui l'offre, une fête en l'honneur de *l'arrivée des aigles* dans nos murs. » A cette occasion, le premier magistrat de la cité toulousaine fit publier la proclamation suivante :

« LE MAIRE A SES CONCITOYENS.

« Trente-huit ans se sont écoulés depuis la mémorable journée où se terminèrent, au pied de nos murs, ces grandes et héroïques luttes, qui ont étonné le monde et porté si haut la renommée de la France. Toulouse vit planer sur notre dernier champ de bataille. ces aigles illustrées par d'innombrables triomphes (1). Envolées de nos remparts vers les cimes d'un rocher lointain, elles reparaissent, et nos étendards se déploient environnés de l'éclat des grands souvenirs.

« Que la Cité entière se lève et salue ces emblêmes victorieux et vénérés.

« Que l'expression de l'allégresse publique témoigne de nos sympathies pour cette armée constamment fidèle aux traditions d'un passé glorieux.

« Honneur, hommage au prince dont les puissantes mains dirigent nos destinées, et qui, noblement inspiré, a rendu au culte de nos vaillants soldats le symbole, si cher à la nation, de sa grandeur et de son indépendance !...

« Vive Napoléon !... Vive l'armée !... »

(Suit le programme de la fête, qui a été publié dans le *Journal de Toulouse* du 27 mai 1859.)

Cette fête, dite *des Aigles*, eut lieu à Toulouse le 1er juin. La rentrée des envoyés à Paris, pour recevoir des mains de Bonaparte les drapeaux surmontés d'aigles, se fit, pour obéir au programme, par l'avenue de la Patte-d'Oie. Entre les places de Brienne et Roguet, près de la grille en fer de Saint-Cyprien, avait été élevé un arc-de-triomphe, sous lequel se trouvaient, dans des tribunes construites intérieure-

---

(1) Sous le gouvernement de la République, parfaitement établi et reconnu, on introduit, sans vergogne, les aigles impériales !

ment sous l'arceau, les autorités civiles et militaires, entre lesquelles défilaient les troupes. Dans ces tribunes ne se trouvait que le *monde officiel* (dépendance de tous les budgets), qui avait reçu le mot d'ordre de crier, après chaque discours : *Vive Napoléon !...* *Vive l'aigle impériale !...*

Pardonnez-nous, bienveillants lecteurs, une digression qui trouve ici sa place : La Cour de Cassation (cette souveraine en matières judiciaires, dont les contradictions sont nombreuses sous le second Empire, puisqu'elle a voulu prouver que 13 valait 21), décida « qu'un maire, alors même qu'il a cessé ses fonctions, ne peut être poursuivi, devant les tribunaux civils, comme responsable de faits relatifs à l'exercice de ses fonctions, qu'après l'autorisation du Conseil d'Etat, aux termes de *l'article 75 de la Constitution de l'an VIII.* » Voilà donc un article qui mettait hors la loi une catégorie de serviteurs dociles des gouvernements impériaux, dont la vedette mensongère de la Constitution était : « Art. 1er. *La Constitution reconnaît, confirme et garantit les grands principes proclamés en 1789, et qui sont la base du droit public des Français.* » Il ne s'agirait que de consulter à cet égard un ex-procureur impérial de Toulouse, qui a beaucoup abusé de cet article 75, aujourd'hui heureusement supprimé. En effet, cet article, ressuscité de la feue Constitution de l'an VIII, a patronné et protégé beaucoup de crimes, de délits et d'abus, commis par ceux qui sont précisément institués pour les prévenir. Aussi, le règne de Bonaparte sera stigmatisé par les mots : *Injustice, espionnage, abus, servitude, vol et lâcheté* (STRASBOURG, BOULOGNE, SÉDAN).

Les condamnés politiques dont les noms suivent arrivèrent à Toulouse le 20 juin ; c'étaient : MM. Jean-Gabriel Capo de Feuillide, homme de lettres ; Bertrand Lafage ; Auguste-Alphonse Claverie ; Jean-Justin Levaillant ; Jacques Sallières ; Jean Lanusse aîné ; Bernard Campistron ; Jean Dabadie dit *Joseph* ; Pierre Cestac ; J.-B. Lestrade. Ils furent écroués dans la maison de justice de Saint-Michel, pour être dirigés le lendemain vers l'Algérie.

Nous ne devons pas perdre de vue l'inique conduite du gouvernement du 2 décembre à l'égard d'hommes distingués appartenant à notre département, qui furent exilés en vertu d'une signature du parjure Bonaparte. Ce furent :

M. Charles de Rémusat, ancien ministre, ancien représentant du peuple à l'Assemblée nationale, membre de l'Académie française et de celle des Jeux-Floraux, etc., citoyen aussi vertueux que savant, et aussi savant que vertueux ;

M. Henri Joly, avocat distingué, ex-commissaire du gouvernement de la République de 1848 dans le département de la Haute-Garonne. C'est ce citoyen qui proclama le gouvernement de la République à Toulouse.

Le conseil municipal de la commune de Toulouse fut dissout par un décret du président de la République, daté du 21 juin 1852, contre-signé par le ministre de l'intérieur, M. Fialin de Persigny. Une commission municipale fut nommée, et voici les termes de ce document, signé de Chapuys-Montlaville, le préfet *cocasse,* comme on le désignait à Toulouse :

« ARRÊTÉ :

« Nous, préfet de la Haute-Garonne, vu le décret de *Monseigneur le prince-président de la République,* du 21 de ce mois, portant dissolution du conseil municipal de Toulouse ; vu les démissions de MM. Sans, maire de cette ville ; Broustet, de Campaigno et Cazaux, adjoints ; vu l'art. 57 de la Constitution et la loi du 21 mars 1831,

« ARRÊTONS :

« Art. 1er. L'administration municipale de la commune de Toulouse est confiée à une commission provisoire, composée des personnes dont les noms suivent :

« M. le colonel Cailhassou, officier de la Légion d'honneur, qui remplira les fonctions de maire ;

« M. le colonel Polycarpe, officier de la Légion d'honneur, adjoint ;

« M. Massol, membre du conseil général, professeur à la Faculté de droit, adjoint ;

« M. Olin-Chatelet, manufacturier, chevalier de la Légion d'honneur, adjoint.

« Art. 2. Le présent arrêté sera adressé à MM. les membres de la commission municipale pour leur servir de titre. Ils entreront immédiatement en fonctions.

« Fait à Toulouse, le 24 juin 1852.

    « *Le préfet de la Haute-Garonne,*
        « DE CHAPUYS-MONTLAVILLE. »

A peine entrée en fonctions, la commission municipale s'empressa, sur l'invitation du préfet, de rédiger et voter une adresse au président de la République. Elle lui fut présentée le 6 juillet suivant. Cette municipalité provisoire fut confirmée dans ses pouvoirs par un décret du 9 juillet.

Un autre décret du 7 juillet portait ordre de procéder immédiatement à la nomination des maires et des adjoints de toutes les communes de la République. On recommandait surtout de choisir des hommes sympathiques aux idées napoléoniennes et dévoués à la cause de Bonaparte, qui préparait déjà le rétablissement de l'Empire.

Une nouvelle commission municipale fut instituée, le 17 juillet, pour remplir les fonctions de conseil municipal de la ville de Toulouse ; elle fut ainsi composée :

MM. le colonel Cailhassou, maire ; le colonel Dubarry ; Massol, professeur à la Faculté de droit ; le colonel Polycarpe ; Olin-Chatelet, fondeur, adjoints au maire ; Joseph Albert, Flavien d'Aldéguier, Arzac, Barbe, Boyer de Tauriac, Félix Broustet, Calvet-Langlade, Jean Patras de Campaigno, le colonel Carcenac, Caubet, Caze, Daguillon-Pujol, Estellé, Faucher, Féral, Guilhot, Lestrade aîné, Lézat aîné, Loubers, Massabiau, Mather, Mulbaker, Perpessac, Peyrolles, Ramel, Raspaud, Solomiac, Sarrère, Tellier, Tholosé, Vallès, Villary, membres nommés.

Les élections eurent lieu à Toulouse les 23 et 24 juillet. Elles donnèrent les résultats suivants : Electeurs inscrits, 24,097 ; nombre des votants, 8,135 ;

majorité, 6,025. M. Arzac, le premier sur la liste, obtint 7,666 suffrages, et M. Mulbaker, le dernier élu, réunit 6,660 voix. Le conseil fut ainsi composé à la suite de cette élection : MM. Arzac, Cailhassou, Caze, Olin-Chatelet, Ramel, Carcenac, Flavien d'Aldéguier, Dubarry, Polycarpe, Féral, Tellier, Lestrade, Massol, Solomiac, Broustet, Massabiau, Perpessac, Caubet, Daguillon-Pujol, Joseph Albert, Jean Patras de Campaigno, Raspaud, Fossé, Mather, Boyer de Tauriac, Loubers, Barbe, Guilhot, Vallès, Calvet-Langlade, Faucher, Tholosé, Estellé, Peyrolles, Lézat, Villary, Sarrère et Mulbaker. Cette liste de trente-huit candidats était patronnée par l'administration qui l'avait composée.

Les élections des membres du conseil général de la Haute-Garonne eurent lieu le 1er août. Les candidats officiels furent tous élus à une grande majorité ; il faut dire aussi qu'ils n'avaient point de concurrents. Le journal de la préfecture, *L'Aigle,* publia la liste des candidatures au conseil général, « *arrêtées avec l'agrément entier de l'administration.* » Aussi, le résultat de l'élection fut celui-ci : M. le général Roguet, premier aide de camp du prince-président, pour le canton *ouest* de Toulouse ; M. Arzac, pour le canton *centre;* M. Massabiau, député, pour le canton *nord;* M. Jean Patras de Campaigno, ancien adjoint au maire de Toulouse, pour le canton *sud.* — Cadours, M. Cazaux ; Castanet, M. Roques ; Léguevin, M. le général Lasnon ; Verfeil, M. Féral, avocat ; Villemur, M. Boyer de Tauriac ; Auterive, M. Mespliés ; Muret, M. le pré-

sident Niel ; Montastruc, M. le professeur Massol ;
Saint-Gaudens, M. le président Théodore Tatareau ;
Rieux, M. le colonel Gleize ; Saint-Lys, M. Maignon ;
Saint-Martory, M. le colonel Cailhassou, maire de
Toulouse ; Carbonne, M. Dupau, notaire ; Cazères,
M. de Vise ; Rieumes, M. Pomaret, juge de paix ;
Aspet, M. Duplan, député ; Boulogne, M. V. Salles ;
l'Isle-en-Dodon, M. Malbois ; Fronton, M. Adolphe
Caze ; Grenade, M. Cornac, notaire ; Fousseret, M. La-
mouroux ; Cintegabelle, M. de Ganiac ; Montesquieu-
Volvestre, M. de Perpessac, député ; Caraman,
M. Roche ; Lanta, M. de Laplagnolle ; Mongiscard,
M. le colonel Polycarpe ; Nailloux, M. le baron Du-
perrier ; Revel, M. Roquefort ; Villefranche, M. Fauré,
avocat ; Montréjeau, M. le colonel Dubarry ; Saint-
Béat, M. le président Martin ; Saint-Bertrand, M. Ma-
ribail, juge au tribunal de Saint-Gaudens ; Salies,
M. Durand fils ; Bagnères-de-Luchon, M. Charles
Tron ; Aurignac, M. Dabeaux. Il est à remarquer qu'un
grand nombre des membres élus étaient complète-
ment étrangers et ne possédaient rien dans le canton
où ils étaient imposés par l'administration.

Les conseils généraux ont été institués pour con-
trôler les actes des préfets et voter le budget départemental ; eh bien ! sous les Bonaparte, c'étaient les
préfets qui choisissaient leurs juges et qui patron-
naient et faisaient réussir leurs élections. Aussi la
formule consacrée était : « *Le préfet propose et le
conseil vote, etc.* » Et cela *sans discussion* ni observations. Du reste, les observations n'étaient point admi-

ses, sous peine du non patronage officiel aux prochaines élections.

Un décret du président de la République du 7 août permit le retour en France aux exilés MM. Creton, Duvergier de Hauranne, Chambolle, Thiers, Charles de Rémusat, *ex-représentant du peuple de la Haute-Garonne à l'Assemblée nationale*, Jules de Lasteyrie, le général Laidet, Antony Touret. — Un autre décret du même jour ouvre les portes de la France à MM. Michel Renaud, *Henri Joly, avocat, ex-commissaire du Gouvernement provisoire à Toulouse*, Signard, Théodore Bac, Belin, Besse (de Castelnaudary), Milotte.

Une bonne note à prendre pour l'histoire, c'est que, cette année, le 15 août (saint Napoléon) devient une *fête nationale* de par les Bonaparte, les Morny, les Fialin, les Maupas, les Piétri; en un mot, de par la bande de l'homme de Strasbourg, de Boulogne et de Sédan. Des proclamations plus ou moins menteuses, à l'occasion de l'inauguration de cette fête, furent affichées sur tous les murs de la ville. Nous avons remarqué sur l'une d'elles le singulier passage suivant; il est vrai qu'elle est du préfet *cocasse*, M. de Chapuys-Montlaville : « Le 2 décembre 1851, la France a été préservée des désastres de l'anarchie et de la ruine, qui eût été la suite infaillible, par le génie de l'héritier de l'Empereur, et, personne n'en doute, *par l'inspiration de la divine Providence.* » Quel blasphème!...

Le maire fit aussi sa proclamation et dressa le programme de la nouvelle fête napoléonienne. Quelle belle journée pour les hommes qui avaient besoin d'être décorés! Les croix de la Légion d'honneur pleuvaient, à cette occasion, sur les poitrines des serviteurs du coup-d'Etat : des de Chapuys-Montlaville, des Piétri, des Dufay (de Launaguet), etc. Mais, en revanche, le lendemain il tombait des avertissements et des suspensions de journaux, des procès-verbaux dressés par cette police impériale crue sur parole.

Un décret du 7 août désigna le bureau du conseil général de la Haute-Garonne; M. le général Roguet, aide de camp du président de la République, fut nommé président; M. Caze, vice-président; M. Massol, secrétaire.

M. le colonel Dubarry, ayant donné sa démission d'adjoint au maire de Toulouse, fut remplacé par M. Calvet-Langlade, épicier en gros, nommé par décret du président de la République, le 8 août.

Le 23 août eut lieu la première séance du conseil général de la Haute-Garonne nouvellement élu. Après le rapport du *préfet cocasse*, M. de Chapuys-Montlaville, on poussa à plusieurs reprises le cri de : *Vive Napoléon!*... C'est que les nouvelles élections avaient été faites par l'administration, et toutes les voix étaient à l'unisson. Pas un cri de Vive la France !... pas une acclamation pour la République; mais, en revanche, *Vive Napoléon !*...

M. le colonel Polycarpe ayant donné sa démission d'adjoint au maire, le *Moniteur* du 24 août fit connaître la nomination de son successeur, M. Vallès, négociant.

Voici une de ces proclamations de mise pour préparer l'avènement de l'Empire, publiée en pleine République par un fonctionnaire qui avait juré obéissance à la Constitution républicaine :

PRÉFECTURE DE LA HAUTE-GARONNE

Arrivée de Son Altesse Monseigneur le Prince-Président.

« *Habitants de la Haute-Garonne*,

« Louis-Napoléon, celui que, dans un de ces grands
« jours réservés à la miséricorde, la Providence a com-
« mis au salut de la société française et, le lendemain
« de la victoire remportée sur l'anarchie, a inspiré,
« pour le développement régulier et pacifique du pro-
« grès social, le héros du 2 décembre, le prince excel-
« lent par sa sagesse, aussi bien que par son amour
« pour le peuple, Louis-Napoléon fera son entrée,
« le 4 octobre, dans notre magnifique contrée.

« Ce jour, qui marquera dans les annales du Midi,
« sera un jour de fête. Les populations accourront de
« toute part sur le passage de l'Élu de huit millions de
« suffrages, pour lui témoigner leur admiration, leur
« reconnaissance, leur amour, et faire entendre devant
« lui ces larges espérances d'avenir que chacun de
« nous porte dans son cœur.

« Préparez-vous donc à l'avance à cette réception
« solennelle. Que dès le 4 octobre au matin, tous ceux
« que ne retiendront pas des nécessités ou des devoirs
« impérieux viennent à Toulouse, au rendez-vous

« général, saluer l'héritier de l'empereur Napoléon,
« en faisant retentir les airs de ce cri national qui,
« après avoir ébranlé, au milieu de cent victoires, les
« peuples étrangers, aujourd'hui les couvre de sa
« protection et de sa puissance.

« Oui, de sa protection et de sa puissance, car la
« main qui a préservé la France a préservé aussi le
« continent. Tout ce qui s'est accompli par le génie
« du chef héroïque de cette France qu'on appelle avec
« raison la première entre les nations, a été universel
« et infini, et les choses universelles et infinies, vous
« le savez, ne peuvent procéder que d'en haut.

« Vous êtes un peuple animé de sentiments chré-
« tiens et nationaux. Vous avez tressailli quand vous
« avez aperçu la croix arborée de nouveau sur le
« sommet de l'église Sainte-Geneviève, et vous avez
« dit : Voilà le signe qui nous annonce la volonté du
« Ciel, qui donne le caractère à l'époque nouvelle,
« indique et consacre le Chef destiné à nous conduire
« heureux et triomphants dans les vastes champs de
« l'avenir.

« Dès ce moment, le Midi, dépouillant le vieil
« homme, mettant de côté et en oubli les divisions
« intérieures, laissant les choses anciennes au passé
« dans les splendeurs historiques, a levé ses bras
« robustes pour soutenir, avec le reste de la France,
« le pavois sur lequel est debout, devant le monde,
« le second héritier d'une quatrième race.

« Aussi, la réception que vous réservez à votre
« Élu sera-t-elle la première entre toutes, comme il

« convient à des populations telles que les vôtres.

« A l'encens qui brûlera sur nos autels, aux chants
« des prêtres saints et aux prières des fidèles, se join-
« dront les élans du peuple.

« Préparez donc vos habits de fête. Ornez-vous de
« rubans et de fleurs ; prenez des lauriers dans vos
« mains, et venez à Toulouse, dans la cité reine,
« répandre des fleurs, des lauriers et des bénédictions
« sur le meilleur et le plus grand prince de notre
« temps.

« VIVE NAPOLÉON !

« Toulouse, le 18 septembre 1852.

« *Le préfet de la Haute-Garonne,*
« DE CHAPUYS-MONTLAVILLE. »

Cette pastorale du préfet *cocasse* était suivie d'un
programme officiel des fêtes à l'occasion de *S. A. I.
Monseigneur le Prince-Président* à Toulouse, dont voici
un aperçu :

JOURNÉE DU 4 OCTOBRE. — *Arrivée à 3 heures et
demie.* — Le prince, à son arrivée, est reçu aux portes
de la ville (à la barrière de Montpellier, située à
l'extrémité du faubourg Saint-Michel) par les autorités départementales et municipales. (Continuons la
mise en scène du préfet *cocasse*.)

Le prince monte à cheval et se rend, en cortége, d'abord à la cathédrale, où l'archevêque l'a reçu,
à la tête de son clergé, les troupes bordant la haie ;
puis, ensuite, à la préfecture. Il est de notre devoir de

ne point passer sous silence ce fait, que, depuis le moment de la réception officielle faite hors la barrière de l'octroi jusqu'à l'hôtel de la préfecture (le préfet *cocasse*) les autorités et la gendarmerie, qui escortaient Bonaparte, ne cessaient de crier : « *Vive Napoléon !...* *Vive l'Empereur !...* au grand ébahissement de la foule ; et pourtant nous étions sous le gouvernement de la République du 2 décembre 1851, c'est-à-dire après les modifications apportées à la Constitution de 1848. Ces *budgivores* de tous les gouvernements redevenaient encore parjures, neuf mois à peine après un serment solennel (décembre 1851, octobre 1852).

5 *heures.*—Réception des autorités et des corps constitués.

7 *heures.* — Dîner de Mgr le prince-président. — Ensuite, cercle à la préfecture. — Puis, chants de la société chorale *Clémence-Isaure.* — Orchestre.—Danses dans la salle des Illustres, au Capitole. — Illuminations générales. — Distribution, *au compte* de la ville, de secours *aux indigents* (AMÈRE DÉRISION). A ce sujet, nous nous permettrons une digression ; il serait bon de consacrer quelques fonds à l'impression du budget des bureaux de bienfaisance, afin de pouvoir bien établir ce qu'on entend par *secours* et ce qu'on donne comme *gratification* pour des services honteux. Tout devrait sortir de la caisse du Bureau central de Bienfaisance et être remis par le caissier directement à l'indigent, et non par une main tierce ou intéressée, notamment en matière de corruption électorale.

Journée du 5 octobre. — A huit heures du matin, simulacre de la bataille de Toulouse (cette bévue ne fut point commise ; le président de la République refusa de s'y rendre.) Il n'y eut que le défilé des troupes.

A une heure, revue civile des députations des cantons et des communes environnantes, drapeaux et bannières en tête. (Notamment, toutes les sociétés de secours mutuels, conduites par leurs présidents nommés par le gouvernement. Aussi, seuls, ils ont profité de cette démonstration durant tout le temps de l'Empire.) — Jeux-Nautiques.

6 *heures*. — D'abord grand dîner ; puis spectacle .paré ; ensuite feu d'artifice, illuminations.—Orchestres de danse sur les places publiques.

Le 6 octobre, la future Majesté voulut bien nous quitter pour aller continuer sa tournée vers Agen. Elle s'arrêta à Montauban, où le préfet Dufay *de Launaguet* (lisez *de Castelnaudary*, Aude), un ami (*intime*) de Leroy dit *de Saint-Arnaud*, le reçut. M. Dufay était le 2 décembre 1851 à Paris. — Nous regrettons bien sincèrement de ne pas posséder en ce moment, sous notre main, les numéros du journal de Montauban et de celui de Toulouse, qui rendent compte de la réception faite à Bonaparte par M. Dufay et sa gracieuse fille. Permettez-nous, chers lecteurs, de vous renvoyer aux flatteurs d'alors ; vous rirez aujourd'hui librement, connaissant peut-être un peu mieux ces gens.

Mais, comme il n'y a point de médaille sans revers, voici celui qui attendait les opposants, du moins les sincères, ceux qui ne voulaient pas se parjurer. L'avant-veille du jour de l'arrivée de Bonaparte, la police fut de grand matin arrêter, sans autre motif que celui d'une précaution, plusieurs centaines de citoyens qui reposaient paisiblement dans leur lit ; on les emprisonna durant tout le temps du séjour de Bonaparte à Toulouse. Après son départ, on les rendit à la liberté.

A l'entrée du village de Baziége, on avait élevé un arc-de-triomphe sur lequel était une couronne impériale avec cette légende : « NOTRE CŒUR VOUS LA DONNE. » Et sur tous les arcs-de-triomphe établis dans les villages traversés par Louis-Napoléon, on y avait placé des inscriptions analogues. Les autorités locales avaient reçu l'ordre de provoquer le cri de : *Vive l'Empereur !* au moment du passage du prince.

Le 26 septembre, le préfet fit connaître, par une proclamation affichée, la découverte de la fameuse machine infernale de Marseille, inventée par les hommes de Bonaparte, pour semer la terreur et rendre leur prince plus intéressant. On sait que le système des impérialistes, celui de *faire de la terreur*, a été amplement exploité sous le règne du dernier des Bonaparte.

On commença, vers la fin du mois de septembre, de faire voter aux conseils municipaux des communes rurales « *des vœux en faveur du rétablissement de l'Empire.* » Le gouvernement impérial a largement usé du moyen de se faire adresser des vœux, des adresses, des pétitions et même quelquefois des protestations, selon les besoins du moment. Un ordre donné, dans une circulaire confidentielle, par le ministre compétent aux chefs des corps ou d'adminis-

tration, suffisait pour obtenir *les félicitations les plus sincères*.

Le 30 septembre, le conseil municipal de la commune de Toulouse vota par acclamation l'adresse suivante :

« *A S. A. I. le Prince-Président.*

« MONSEIGNEUR,

« Le gouvernement du monde par la Providence est le plus parfait. La France et l'Europe vous appellent l'Elu de Dieu pour l'accomplissement de ses desseins. Il n'appartient pas à une Constitution quelconque d'assigner un terme à la mission divine dont vous êtes investi. Inspirez-vous de cette pensée pour rendre au pays ses institutions protectrices qui garantissent la stabilité du pouvoir et l'avenir des nations.

« Les acclamations unanimes qui vous accompagnent sont non-seulement la reconnaissance de votre droit, mais encore elles ont toute l'autorité d'une élection populaire.

« Le corps municipal de Toulouse, fidèle interprète des vœux de la cité, est impatient de les voir se réaliser, et demande avec instance que l'Empire héréditaire soit rétabli dans votre personne. »

Peut-on conspirer plus ouvertement contre un gouvernement régulièrement établi ? Nous avons publié plus haut la liste des conseillers municipaux, liste qu'on peut consulter pour connaître les signataires de cette étrange adresse. Les membres de la

Cour d'appel et des tribunaux votèrent également des adresses, dans le même style, pour-atteindre le même but.

Le 28 septembre parut un arrêté du préfet recommandant aux maires, commissaires de police et commandants de la gendarmerie, d'exercer la plus grande surveillance sur les condamnés politiques internés dans leurs communes, et plus particulièrement durant le séjour du prince dans le département.

Une nouvelle proclamation du préfet fut affichée le 3 octobre; elle se terminait ainsi : « .... Alors, levez-vous, quittez vos ateliers et vos maisons, accourez sur son passage, et poussez jusques aux cieux, avec la France entière, ce cri de gloire que poussaient nos pères sur les champs de bataille, alors qu'ils immortalisaient les Aigles !!! *Vive l'Empereur !....* »

Enfin, Son Altesse arriva, le 4 octobre, à Toulouse, par la porte de Montpellier, où elle fut reçue par le monde officiel, aux cris de *Vive l'Empereur !* Et pourtant il ne l'était pas encore.

Si quelques-uns de nos lecteurs voulaient connaître les détails des fêtes et des réjouissances publiques données à l'occasion du séjour de Louis-Napoléon à Toulouse, ils pourront consulter le *Journal de Toulouse*, dont la collection complète est conservée dans la bibliothèque publique de la ville, notamment les numéros du 30 septembre, des 4, 5, 6, 7, 8 octobre 1852. Mais, les plus jolies pages à consulter sur ce voyage ce sont celles des budgets départementaux et municipaux.

Louis-Napoléon repartit le 6 octobre, à 5 heures du

matin, pour Montauban, laissant derrière lui des décorations de la Légion d'honneur pour récompenser des services rendus (?...) Dans l'ordre militaire, il décora depuis le général jusqu'au sous-intendant, M. de Laforcade; et dans le civil, il en distribua à tous les zélés. Il fit remise des peines prononcées par la Commission mixte à MM. Isidore Janot, condamné à la surveillance; Napoléon Tachoire et Thomas Talour, sabotier, internés; Guillaume Laffont, condamné à l'Algérie *plus*, commuée à la surveillance; Laurent Vidal, condamné à l'Algérie *plus*, réduite à l'internement; Jean Baux, ouvrier ajusteur, condamné à l'Algérie *moins*, commuée à l'internement; Gustave Chayron, pharmacien, condamné à l'Algérie *moins*, à la surveillance.

Avant de quitter la ville de Toulouse, Louis-Napoléon Bonaparte fit cadeau à Mme de Chapuys-Montlaville, femme du préfet devenu sénateur, d'un magnifique bracelet enrichi de diamants; ce bijou fut acheté sur *sa cassette particulière*. On doit se rappeler que ce préfet se fit donner une épée d'honneur. Une souscription publique fut ouverte à Toulouse, dont les agents de police faisaient circuler les listes de souscription à domicile. Aujourd'hui, on peut demander, sans crainte d'être arrêté, pourquoi une épée d'honneur à M. de Chapuys-Montlaville ?... Peut-être à cause de ses proclamations et de ses cris de *Vive l'Empereur !* sous un gouvernement républicain, dont il était le préfet dans notre département.

A la date du 9 octobre, le même préfet de la République du département de la Haute-Garonne, M. de Chapuys-Montlaville, adressa à ses administrés une circulaire pour les remercier de la réception qu'ils avaient faite à Louis-Napoléon. Nous ne citerons que le premier alinéa de ce document :

« Habitants de la Haute-Garonne, la réception faite à *Son Altesse Impériale Monseigneur le Prince-Président* dans le département de la Haute-Garonnne, a dépassé les espérances de ceux qui espéraient le plus en vous.... » etc., sur le même diapason ; mais le passage suivant ne peut être oublié, provenant de la plume d'un préfet de la République : « La reconnaissance, l'admiration, l'amour, les plus nobles sentiments s'échappaient à flots *de toutes les âmes* (sic), et se traduisaient par les cris énergiques de *Vive l'Empereur !*.... »

Raisonnons un peu : voilà un conspirateur qui est venu en trois reprises troubler la paix de la France ; condamné à mort par une juridiction légale ; pardonné par un monarque clément, et que certains hommes, ses complices, mettaient sur un pavois pour nous le présenter, comme jadis nos pères élevaient le roi qu'ils avaient choisi parmi eux pour les gouverner. De plus, deux fois *parjure !*.. d'abord à la Constitution de 1848, et puis à celle de 1851, pour se faire proclamer empereur, en fondant son empire sur *l'injustice, le parjure, l'assassinat* et avec le produit *du vol*. (Voir notamment son décret de spoliation des biens de la famille d'Orléans. Acte qui fit dire par Mme de Girardin à M. de Morny : *C'est le premier vol de l'aigle*.)

Enfin, ses complices et les coureurs de places ont fini par en faire un empereur. Comme tous les souverains qui ont régné en France ont un surnom, on cherche actuellement quel est celui qui conviendra le mieux à Napoléon III : *le parjure, le conspirateur, le voleur, l'assassin, le lâche,* etc. On n'aura que l'embarras du choix.

Reprenons, après cette digression, le cours de notre récit.

A Montauban, Louis-Napoléon Bonaparte rencontra, à la préfecture, un vieil ami de ses amis, notamment de Leroy dit *de Saint-Arnaud,* un préfet *d'occasion* ; nous voulons parler de M. Dufay dit *de Launaguet.*

M. Henri-Abel Fauconneau dit Dufresne, procureur général près la Cour d'appel de Toulouse depuis le 8 septembre 1849, un des membres de la *Commission mixte,* fut nommé premier président à la Cour d'appel de Besançon (Doubs), le 23 octobre 1852. Il avait été promu officier de la Légion d'honneur fin octobre 1851. Il est mort le 31 décembre 1861, étant conseiller à la Cour de cassation, membre de cette compagnie dont les arrêts font autorité en France, lui qui avait consenti à enlever les justiciables à leurs juges naturels. Il fut remplacé à Toulouse par M. Massot, procureur général à Grenoble. Nous avons lu, dans un article publié par le *Courrier de l'Isère,* le passage suivant : « Profondément dévoué au gouvernement *du prince,* M. Massot a puissamment concouru, par l'énergique sagesse de ses actes et son union avec M. de Chapuys-Montlaville et M. le général Partourneaux, à préserver, au 2 décembre, le département de tout désordre. »

Il résulterait de cet article que M. de Chapuys-Montlaville a fait le coup-d'Etat dans l'Isère et le coup de main pour le rétablissement de l'Empire, dans la Haute-Garonne, ce qui lui a valu un fauteuil au Sénat.

Le 3 novembre, nous trouvons M. de Chapuys-Montlaville, préfet, accompagné de M. Martineau, chef de division à la préfecture (actuellement révoqué), et de M. Jacques de Monterno, secrétaire du préfet, dans la commune de Daux, canton de Grenade, à table chez le maire, portant un toast *à l'empereur Napoléon III*, aux cris de *Vive l'Empereur !*

Le 8 novembre eut lieu à l'audience de la rentrée l'installation de M. Massot, nommé tout récemment procureur général près la Cour d'appel de Toulouse. Après cette installation, la Cour vota une *adresse à Son Altesse impériale le Prince-Président*. Les membres du tribunal de première instance en firent autant, soit par ordre, soit par imitation. Tous ces documents, dressés sous la République, se terminent par : *Vive l'Empereur !... Vive Napoléon III !*

Le président de la République venait de créer un sénat, au taux de 30,000 francs par tête; ce vénérable corps, *conservateur de la Constitution* (amère dérision), discuta, dans ses séances des 4, 6 et 7 novembre, un projet de sénatus-consulte pour le rétablissement de l'Empire, et, par conséquent, l'abolition de la République, dont ils étaient les gardiens et les serviteurs.

Un arrêté du maire de Toulouse, du 13 novembre,

convoqua les électeurs de la commune pour le vote du plébiscite du 7 novembre 1852, pour le rétablissement de l'Empire, votes qui eurent lieu le dimanche 21 et le lundi 22 novembre. Le préfet, toujours à la hauteur des instructions ministérielles, fit à ce sujet une proclamation, dont le texte était terminé par : *Vive l'Empereur !*.... Pourtant, ce cri était encore séditieux, ce qui n'empêchait pas les autorités au service de la République d'en faire un emploi abusif.

Le vote du plébiscite du 7 novembre 1852 donna les résultats, plus ou moins vrais, suivants :

COMMUNE DE TOULOUSE : Électeurs inscrits, 23,358 ; votants, 15,651 ; *oui*, 13,952 ; *non*, 1,241 ; bulletins blancs, 428.

DÉPARTEMENT DE LA HAUTE-GARONNE : Électeurs inscrits, 139,598 ; votants, 114,002 ; *oui*, 110,824 ; *non*, 2,230 ; bulletins nuls et blancs, 948.

On doit faire entrer en ligne de compte l'éloignement du scrutin de tous les électeurs peu sympathiques, la pression administrative, les fraudes, etc.

On proclama solennellement à Paris le résultat des élections des 21 et 22 novembre 1852, pour le plébiscite du 7 novembre, relatif au rétablissement de l'Empire, dont le chiffre définitif des suffrages obtenus, en France, en faveur de la cause impériale, aurait été de 7,824,189.

Le 2 décembre 1852, Louis-Napoléon Bonaparte, président de la République française, fit son entrée solennelle, comme empereur et comme parjure, aux Tuileries.

La proclamation officielle de l'Empire fut faite, à Toulouse, le 5 décembre, à 11 heures et demie du matin, sur la place Lafayette (appelée, depuis le 4 octobre 1852, place Louis-Napoléon). Les détails de la solennité et de la fête ont été consignés dans le *Journal de Toulouse*, numéros des 5 et 6 décembre.

Ainsi s'est terminé le règne du président de la République française, LOUIS-NAPOLÉON BONAPARTE dit LE PARJURE.

Ainsi commença le règne de NAPOLÉON III dit LE LACHE.

UN CONVOI DE TRANSPORTÉS

SOUVENIRS DU COUP D'ETAT.

..... La rue s'emplit d'appels retentissants : les portes des maisons s'ouvraient avec fracas ; hommes, femmes, enfants, désertaient le logis en grande hâte ; des ouvriers en bras de chemise, l'outil à la main, s'échappaient, au pas de course, de l'atelier. Tous se précipitaient vers les allées Saint-Etienne.

Emporté par le courant, je suivis le flot populaire.

Les curieux, en groupes turbulents et pressés, ondulaient le long du parapet qui confronte à l'ouest, en face de l'ancien champ de foire et des vieux bâtiments de la gendarmerie encore debout à cette époque.

Le hasard, servi d'ailleurs par l'insistance et l'importunité qui caractérisent l'enfance, m'avait placé au premier rang.

Soudain, le silence se fit, un grand silence, un silence de mort. Un frisson magnétique courut au plus épais de la foule. Quelques voix crièrent : Les voilà !

Alors, on entendit au loin un bruit sourd, un roulement vague, monotone, le roulement de chariots pesants qui écrasent le pavé.

Au débouché du boulevard Saint-Aubin parut un peloton de chasseurs à cheval. Les chevaux allaient au pas ; les hommes avaient le pistolet au poing et le sabre nu au côté. Derrière le peloton, lentement, s'avançait une longue file de chariots dont les bâches en toile grise se dessinaient par-dessus le schako des cavaliers.

Je voulus fuir.... j'avais deviné quel lamentable spectale allait se dérouler tout à l'heure sous mes yeux. Hélas ! encore enfant, je connaissais aussi, pour les avoir soufferts à l'ombre du foyer domestique, les déchirements qu'entraîne après elle la défaite d'une grande et noble cause ! Je voulus fuir : impossible ! La foule m'enserrait dans un cercle de fer.

Ceci se passait dans les premiers mois de l'année 1852, quelque temps après le coup d'Etat. Ces chariots qui approchaient, c'étaient des prolonges d'artillerie ; ce cortége en marche, c'était un convoi de transportés en route pour l'Afrique.

Les prolonges roulaient entre une double haie de soldats. Les transportés peuplaient ces funèbres voitures.

Sur une litière de paille, on les voyait, les uns assis, les autres couchés, la plupart debout : il y avait là des hommes dans la vigueur de l'âge, des jeunes gens, des vieillards, des femmes.... des femmes! Toutes les conditions, tous les rangs confondus : pauvres et riches, ignorants et lettrés ! Tous les costumes, tous

les métiers, toutes les professions pêle-mêle! —
L'égalité dans l'infortune!

Hâves, flétris, exténués par les douleurs physiques
et les douleurs morales, amaigris par la détention,
brisés par l'insomnie et les fatigues d'un long voyage,
ils se laissaient bercer, se soutenant à peine, aux
cahots de la route.

— Ce sont des voleurs? demandaient des enfants
à leur mère.

Les mères ne répondaient pas et pleuraient.

Quelques ouvriers enfoncèrent leur casquette sur
leurs yeux et s'éloignèrent à grands pas les poings
crispés, des paroles de colère à la bouche.

— Pauvres gens!... murmuraient les femmes.

Pauvres gens!... pauvres gens, en effet, pauvres
grands coupables, qui avaient commis le crime énorme
de confesser l'obéissance aux lois de leur pays et de
défendre une Constitution, confiée, par la représentation Nationale, à la garde et au patriotisme de tous
les Français!

Quelques-uns de ces proscrits, républicains stoïques,
semblaient protester silencieusement, par une attitude pleine de calme et de dignité, contre l'injustice
du sort et la violence des hommes. Vaincus, mais non
domptés, ils envisageaient sans forfanterie comme
sans faiblesse l'insolence de la fortune et l'humiliation
de la défaite!

La plupart cependant, des ouvriers, des paysans, —
reconnaissables parmi tous les autres à leur blouse de
toile et à leur veste de bure, à leurs mains calleuses

et à leur visage hâlé, — s'abandonnaient aux transports d'un muet désespoir. L'esprit engourdi dans le vague d'une rêverie sans fin, le regard perdu dans le vide, ils faisaient mal à voir : on eût dit qu'emportant sur leurs lèvres le dernier baiser de la famille et dans leurs yeux la suprême vision des campagnes natales, ils ne voulaient pas s'en laisser distraire, même par les témoignages de pitié qui les saluaient au passage !

Ah ! cette Afrique ! durant les longs jours et les longues nuits d'exil, que de gémissements et de sanglots elle devait entendre !.. Terre cruelle, terre dévorante qui prenait à la France tant de ses fils vaillants et généreux, tu ne devais pas tous les lui rendre !

Une à une, les prolonges défilèrent avec un bruit de ferraille sinistre.

Le dernier gendarme de l'arrière-garde avait disparu au tournant des allées Saint-Michel, le roulement de la dernière prolonge s'était évanoui dans le lointain que la foule, immobile à la même place, attendait encore, écoutant sans entendre, regardant sans voir. Bientôt, elle s'écoula. Et moi, je m'éloignai comme elle, blessé au cœur d'une blessure inguérissable, emportant dans mon esprit un souvenir amer qui survit à la chute des années et à l'apaisement de nos discordes civiles.

Antonin MULÉ.

(L'Émancipation)

L'article qui précède a été écrit par le fils aîné de
M. Bernard Mulé, ancien membre de la Constituante,
qui fut deporté en Afrique.

Nous empruntons maintenant le passage suivant,
sur le même sujet, à une brochure intitulée : *Biogra-
phie de M. A. Duportal, rédacteur en chef de l'Émancipation,* écrite par M. Genty Magre, en 1869 :

« C'est le 25 mars 1852, c'est-à-dire trois mois et
quelques jours après leur arrestation, que les détenus
reçurent l'ordre de partir. Ils furent conduits à Cette
et enfermés provisoirement au fort Saint-Pierre, cou-
chant sur la paille humide et attendant l'arrivée du
paquebot qui devait les transporter à Bône.

« Plusieurs jours se passèrent ainsi ; on appareilla
enfin, et nos proscrits, au nombre de douze, furent
embarqués à bord de *l'Eclaireur.*

« Ils se trouvèrent là en bonne compagnie, deux
cents environ, traînés eux aussi sur ces nouvelles
galères de l'Etat et en route pour les bagnes d'Afrique.

« La police du bord était bien faite ; on pouvait à
peine se permettre la moindre conversation.

« Nos républicains avaient été prévenus par un
enseigne de vaisseau des rigueurs qui attendaient
les auteurs de la moindre infraction à la discipline.

« — On vous jetterait à la mer sans pitié, avait-il
dit ; seulement, quand je serai de quart, je vous pré-
viendrai et vous pourrez alors en prendre à votre aise.

« Et, en effet, vers minuit, alors que le silence
régnait dans les cabines, nos proscrits, avertis par le

brave enseigne, montaient sur le pont et chantaient gaiement la *Marseillaise* aux étoiles.

« La mer fut mauvaise et l'on fut obligé de relâcher à Alger. Ce n'est que cinq jours après le départ de France que le convoi arriva à Bône, et que les transportés furent enfermés à la Casbah.

« Là encore nouvelle police et exploits nouveaux, car il faut lutter contre le mal du pays, se défier des souricières savamment tendues, faire bon cœur contre fortune, donner du courage à ceux qui en manquent, de l'espoir aux désespérés et oublier un peu, pour ne pas avoir l'âme triste sans cesse, qu'il.y a là-bas bien loin, dans la patrie absente, une mère qui pleure et deux petits enfants attendant en vain les baisers du soir de leur père..... »

Modèle des significations faites aux Détenus politiques.

PRÉFECTURE DE LA HAUTE-GARONNE

Le préfet de la Haute-Garonne notifie au sieur Duportal (Armand), que la Commission mixte départementale a décidé qu'il serait transféré en Algérie, *classe plus*.

Toulouse, le 22 mars 1852.

Signé : BRET.

PRESSE TOULOUSAINE

AVANT LE COUP-D'ÉTAT.

Le *Journal de Toulouse*, journal politique et littéraire.

La *Gazette du Languedoc*, politique, légitimiste.

L'Émancipation, politique, républicain.

Le Midi, politique, légitimiste.

L'Indépendant, politique, bonapartiste.

Le Capitole, politique, napoléonien.

La Civilisation, politique, républicain, socialiste.

Le Réformateur, politique, républicain.

Le Constituant démocrate, républicain.

APRÈS LE COUP-D'ÉTAT (1852).

Le *Journal de Toulouse* fut le seul journal conservé ; tous les autres furent supprimés, en vertu d'arrêtés ou de jugements.

L'Aigle, journal de la préfecture, fut subventionné et eut le privilége des annonces légales. Ses rédacteurs ont été quelquefois décorés. Cette situation faite à la presse toulousaine a duré depuis 1852 jusqu'en 1868.

Dans les chefs-lieux d'arrondissement de la Haute-Garonne, il existait des journaux qui publiaient les annonces légales de leurs tribunaux respectifs ; ils furent forcés d'arrêter leur publication, les insertions des annonces légales de tout le département ayant été données exclusivement, par le préfet, au journal du gouvernement, *l'Aigle*, sauf des extraits desdites annonces donnés à *la Publicité*, journal littéraire de Toulouse, et au journal de Saint-Gaudens.

COMMISSIONS MIXTES

Haute-Garonne.

M. Pierre - Marie Piétri, né à Sartène (Corse), en 1810 ; préfet de l'Ariége en 1849, et de la Haute-Garonne, le 30 octobre 1851 ; préfet de police à Paris, le 27 janvier 1852 ; grand'croix de la Légion d'honneur en 1863. Décédé à Paris, le 28 février 1868. Présida la Commission mixte durant quelques séances ; appelé à la préfecture de police, il fut remplacé par

M. Charles-Vrangel Bret, ancien préfet, beau-père de M. Vuitry, des finances ; nommé préfet de la Loire, le 8 mars 1851 ; préfet de la Haute-Garonne, le 1er février 1852 ; installé le 16 février suivant ; promu le 22 avril 1852 à la préfecture du Rhône. Décédé sénateur.

M. Henri-Abel Fauconneau-Dufresne, procureur général près la Cour d'appel de Toulouse jusqu'au 23 octobre 1852, fut promu premier président à Besançon ; officier de la Légion d'honneur fin octobre 1851. Décédé à Paris, le 31 décembre 1868, étant conseiller à la Cour de cassation.

M. Pierre-Louis-Philippe Reveu, général de division, commandant à Toulouse, grand'officier de la Légion d'honneur, décédé à Toulouse, le 29 octobre 1869.

Ariége.

M. Henri Didier, préfet du département. Décédé à Paris étant député de l'Ariége au Corps législatif.

M. Colomb de Batines, procureur de la République à Foix ; conseiller à la Cour d'appel de Toulouse depuis le 2 décembre 1852.

M. le commandant militaire du département en février 1852.

Nous avons remarqué qu'à la date du 2 décembre 1852 furent nommés conseillers à la Cour d'appel de Toulouse : M. Blaja, procureur de la République à Carcassonne de 1850 à 1852 ; M. Bérigaud, substitut du procureur général à Toulouse depuis 1849, et M. Colomb de Batines. Les conseillers à la Cour d'appel avaient 3,500 fr. de traitement que le nouveau gouvernement porta à 6,666 fr. 66 c.

Tarn.

M. Auguste Taillefer, préfet du département.

M. Albert Villeneuve, procureur de la République à Albi ; puis procureur impérial à Toulouse en 1858, et conseiller à la Cour d'appel en 1859. Chevalier de la Légion d'honneur.

M. le commandant militaire du département en février 1852.

Tarn-et-Garonne.

M. Dufay dit, *de Launaguet*, né à Castelnaudary (Aude), préfet du département, chevalier de la Légion d'honneur, conseiller d'Etat en sortant de la préfecture de Montauban.

M. Géraud-Pascal-Augustin Gairal, procureur de la République à Montauban; nommé conseiller à la Cour d'appel de Toulouse le 22 mai 1852; chevalier de la Légion d'honneur. Décédé le 6 août 1869.

M. Bourjade, général de brigade, officier de la Légion d'honneur, commandant la subdivision de Montauban.

LISTE

DES

VICTIMES DU COUP-D'ÉTAT

ARRÊTÉES

A cause de leurs opinions politiques, de leur influence,
comme hommes dangereux.

DÉPARTEMENT DE LA HAUTE-GARONNE

ABADIE (Jean-Baptiste) arrêté à la suite des affaires
du 3 décembre 1851 ; mis en liberté seulement le 4 février 1852, en vertu d'un arrêté du préfet. Nous devons
faire remarquer que ces mises en liberté étaient toujours accompagnées de cette formule : « Mis sous la
surveillance de M. le ministre de la police générale. »

ABADIE (Jean) fut arrêté à Toulouse, le 3 décembre
1851 ; mis quelques jours après en liberté.

ABADIE (Joseph-Edouard), signataire de la protestation du parti républicain contre le coup-d'Etat, arrêté
le 3 décembre 1851 ; mis en liberté, en vertu de l'arrêté du préfet, le 4 février 1852, sous surveillance.

ABADIE (Philibert), arrêté et détenu dans la prison
de Saint-Gaudens à cause de ses opinions républicaines, la Commission mixte prononça son expulsion

du territoire français, condamnation qui lui fut notifiée le 29 mars.

Achard (Marie), typographe, rédacteur du journal *la Civilisation*, signataire de la protestation contre le coup-d'Etat, arrêté le 3 décembre; condamné à l'internement par la Commission mixte le 20 février 1852; peine commuée en celle de la surveillance, le 7 avril 1852. Il quitta ensuite Toulouse.

Adoue (N...), détenu à Saint-Gaudens; mis en liberté en vertu de l'arrêté du préfet, le 4 février 1852; mais soumis à la surveillance.

Albert (Dominique) dit Mélot, limonadier, détenu à Muret, transféré à Toulouse le 14 janvier 1852; condamné à l'internement par la Commission mixte, le 20 février 1852; gracié le 22 avril 1852.

Allaux (Joseph), bijoutier, signataire de la protestation, arrêté le 3 décembre; relaxé en vertu d'une ordonnance de non-lieu, rendue par la Commission mixte, le 14 février 1852, après 74 jours de prison. Toujours soumis à la surveillance de la police.

Amiel (L.), avoué près de la Cour d'appel de Toulouse, signataire de la protestation; arrêté le 3 décembre 1851; relaxé en vertu d'une ordonnance de non-lieu, rendue par la Commission mixte, le 23 février 1852.

Azerm (Louis), de Muret, ancien constituant; condamné à l'expulsion du territoire français, par décision de la Commission mixte, le 16 février 1852; sa peine fut commuée en celle de la surveillance, le 5 novembre 1853.

BALANZAC (J.), teneur de livres, signataire de la protestation, arrêté le 3 décembre. Fugitif. Condamné par la Commission mixte à la transportation en Algérie *plus*.

BALARD (Louis), coiffeur, père de famille, arrêté pour avoir chanté la *Marseillaise* en traversant le Pont-Neuf. Il fit huit jours de prison préventive et huit jours par condamnation. Toutes les fois qu'il y avait un mouvement, la police allait l'arrêter, chez lui, durant la nuit, pour l'emprisonner sans motif ni jugement, ainsi que beaucoup d'autres. Il entra dans l'administration du chemin de fer du Midi, où il est resté comme employé pendant plus de douze ans. Il est mort dans ses fonctions.

BALDAIROUS (Jean-Félix), maître corroyeur, signataire de la protestation ; relaxé en vertu d'une ordonnance de non-lieu, rendue par la Commission mixte, le 14 février 1852 ; mais soumis à la surveillance du ministre de la police générale. Actuellement, cet honorable citoyen est marchand d'antiquités et d'objets d'art à Toulouse.

BALLAND fils aîné, signataire de la protestation, arrêté le 3 décembre ; relaxé en vertu d'une ordonnance de non-lieu, rendue par la Commission mixte, le 28 février 1852, sous surveillance.

BARDE (Sébastien-Béni-Victor), médecin, propriétaire, membre du Conseil général de la Haute-Garonne pour le canton de Castanet, signataire de la protestation ; arrêté le 3 décembre ; condamné par la Commission mixte à l'internement le 20 février 1852 ; interné à Ax (Ariége) ; mis en prison à Foix ; interné ensuite à *Redon* (Ille-et-Vilaine), puis à *Langres*, puis à *Mézières* et de nouveau à *Redon* ; autorisé à rentrer à Castanet, le 23 septembre 1858. Décidé à Paris en 1868.

BARTHÈS (Jean) arrêté, à cause de ses antécédents politiques, le 3 décembre 1851 ; mis en liberté quelques jours après, mais soumis à la surveillance de la police.

BAUDÉAN (Aristide), homme de lettres, signataire de la protestation contre le coup-d'Etat, fut arrêté le 3 décembre ; condamné à la transportation en Algérie par la Commission mixte, le 20 février 1852 ; gracié le 19 décembre suivant.

BAUGUEL (Charles), ancien préfet de la République à Albi (Tarn), signataire de la proclamation ; arrêté dans la nuit du 3 au 4 décembre ; relaxé en vertu d'une ordonnance de non-lieu, rendue par la Commission mixte, le 14 février 1852.

BAUX (Jean), ouvrier ajusteur, signataire de la protestation ; arrêté le 3 décembre ; condamné par la Commission mixte à la transportation en Algérie *moins*, le 20 février 1852 ; peine commuée à l'internement le 5 octobre suivant ; gracié par décret du 2 février 1853.

BAYARD (Dominique), géomètre à Muret, détenu

dans la prison de cette ville à cause de ses opinions politiques et de son influence sur ses concitoyens ; transféré dans la prison de Toulouse le 14 janvier 1852. Condamné à l'expulsion du territoire français par la Commission mixte le 16 février 1852 ; peine commuée à l'internement, le 22 avril 1852 ; gracié le 11 décembre suivant. _

Bécanne (François), aubergiste à Muret ; condamné à l'internement par la Commission mixte, le 16 février 1852 ; gracié le 22 avril suivant.

Bégué (Jean-Baptiste), tailleur d'habits à Toulouse, signataire de la protestation contre le coup-d'Etat ; arrêté pour ce fait le 3 décembre, dans la nuit, fut condamné par la Commission mixte à l'internement, commué en la surveillance.

Béret (Raymond), cordonnier à Toulouse ; arrêté à Muret, où il travaillait, à cause de ses opinions avancées, il fut transféré dans la prison de Toulouse le 14 janvier ; mis en liberté, par arrêté du préfet, le 4 février 1852.

Berrat (Antoine), plâtrier à Muret, où il fut arrêté et conduit à Toulouse, le 14 janvier 1852, pour y être incarcéré, à cause de ses opinions.

Besaucelle (Henri), avocat, ex-conseiller de préfecture de la Haute-Garonne, signataire de la protestation contre le coup-d'Etat ; arrêté le 3 décembre, dans la nuit ; relaxé en vertu d'une ordonnance de non-lieu, rendue par la Commission mixte, le 14 février 1852.

BEYSSIÈRES (Etienne) fut arrêté, à Toulouse, à la suite des affaires du 3 décembre 1852 ; relâché quelques jours après.

Boé (Joseph), compositeur typographe, signataire de la protestation ; contumace d'abord, arrêté ensuite et mis en liberté par ordre de M. le préfet Piétri. Actuellement gérant responsable du journal *Le Progrès liberal*.

BONNASSIOLLE (Jean), limonadier à Toulouse, fut arrêté, le 3 décembre, sur la place du Capitole, étant accusé d'avoir tiré vers l'aide de camp Forgemol. Condamné par la Commission mixte, le 20 février 1852, à la transportation à Cayenne Il partit le 27 mars et fut gracié le 6 novembre 1856. S'est retiré ensuite à Madrid (Espagne). (Voir LASSALLE.)

BORDES (Eugène) fut arrêté à la suite des affaires du 3 décembre 1851, à cause de ses opinions républicaines ; il fut rendu à la liberté le 23 février 1852, après 84 jours de prison préventive.

BOYER (Frédéric), arrêté à la suite des affaires du 3 décembre, fut mis en liberté en vertu de l'arrêté du préfet, le 4 février 1852, sous surveillance.

BOYER (Henri), arrêté à cause de ses opinions républicaines, fut mis en liberté, en vertu de l'arrêté du préfet, le 4 février 1852, sous surveillance.

BROUSSOUSE (Jean), huissier à Muret ; arrêté à cause de ses opinions démocratiques et sociales, fut d'abord emprisonné à Muret, et transféré dans la prison de Toulouse, le 14 janvier 1852. La Commission mixte prononça contre lui l'internement le 16 février 1852 ; gracié le 22 avril suivant.

Brun (Albert), graveur, signataire de la protestation contre le coup-d'Etat ; condamné à l'internement par la Commission mixte, le 20 février 1852 ; peine commuée en celle de la surveillance, le 2 avril 1852. Rentra plus tard à Toulouse.

Cantegril dit Grillou (voyez Grillou).

Capdeville (Jacques), cordonnier à Muret, fut arrêté à cause de ses opinions démocratiques ; transféré à Toulouse le 14 janvier, et mis en liberté en vertu de l'arrêté du préfet, le 4 février 1852, sous surveillance.

Carolis (François-Jean), mécanicien à Toulouse, signataire de la protestation contre le coup-d'Etat, fut pour ce fait et pour ses opinions démocratiques condamné à l'internement, le 20 février 1852 ; il fut interné, par décision de la Commission mixte, à Carcassonne. Gracié le 2 février 1853.

Cartié (Louis), teinturier à Toulouse, fut arrêté à la suite des affaires du 3 décembre 1851 et condamné, le 20 février 1852, par la Commission mixte, à la déportation en Algérie *plus*. Il partit de Toulouse le 25 mars 1852. Gracié le 3 février 1853.

Cassagne (Léopold), compositeur typographe, signataire de la protestation. Il fut arrêté à Muret, où il travaillait, et conduit par la gendarmerie ; mis en prison, d'où il ne sortit qu'en vertu d'un arrêté du préfet, le 4 février, et relaxé définitivement, en vertu d'une ordonnance de non-lieu, le 14 février 1852. M. Léopold Cassagne exerce actuellement sa profession de typographe.

CASSAN (Jean) fut arrêté à Toulouse, le 3 décembre 1851 ; il fut mis en liberté, en vertu de l'arrêté du préfet du 4 février 1852, sous surveillance.

CASTERAS (Guillaume) a été arrêté, à Toulouse, à la suite des affaires du 3 décembre ; mis quelques jours après en liberté, sous surveillance.

CASTEX (Jacques) aîné, mécanicien, fut arrêté, à la suite des affaires du 3 décembre et à cause de ses opinions républicaines, le 3 décembre 1851, et mis en liberté, le 28 février 1852, sous la surveillance du ministre de la police générale.

CAU (André) fut arrêté à la suite des affaires du 3 décembre, et mis en liberté, en vertu de l'arrêté du préfet du 4 février, sous surveillance.

CAZALAS (Paul), fabricant de chapeaux, à Toulouse, fut arrêté dans la nuit du 3 au 4 décembre 1851, à cause de ses opinions républicaines. Condamné par la Commission mixte, le 20 février 1852, à l'éloignement temporaire. Peine commuée en celle de la surveillance, le 7 avril suivant. Sa femme devint folle, ses enfants moururent de misère, et lui de chagrin.

CAZENEUVE (Pierre-François), rédacteur de l'Émancipation, signataire de la protestation contre le coup-d'Etat, fut arrêté, le 3 décembre, dans les bureaux du journal; mis en liberté, en vertu de l'arrêté du préfet, le 4 février 1852 ; alors il quitta Toulouse et fut déclaré contumace. La Commission mixte lui donna l'autorisation de rentrer, par décision du 28 février ; mais elle avait prononcé contre lui la déportation en Algérie *moins;* arrêté de nouveau, il partit pour l'exil le 25 mars et fut gracié le 2 février 1853. Décédé à Toulouse, le 2 novembre 1864.

CAZENEUVE, de Villenouvelle, fut arrêté le 4 janvier 1852. Mis en liberté quelques jour après.

CHAPELLE, ancien maître imprimeur, à Toulouse. Étant à Paris au moment du coup-d'État, il y fut tué, le 3 décembre, en sortant de chez un éditeur auquel il portait un manuscrit à faire imprimer.

CHAYRON (Jean-Pierre-Germain-Gustave), pharmacien à Mane, détenu dans les prisons de Saint-Gaudens, à cause de ses opinions politiques ; condamné à l'internement par la Commission mixte, le 18 février ; commué à la surveillance, le 5 octobre 1852.

DELMAS, ex-capitaine d'état-major, signataire de la protestation contre le coup-d'Etat, fut condamné, par la Commission mixte, à l'internement avec surveillance.

CLAIR (Simon-Louis) fut arrêté, à Toulouse, à la suite des affaires du 3 décembre 1851 ; mis en liberté, en vertu de l'arrêté du préfet, le 4 février 1852.

COUDOM (Théodore), horloger, à Toulouse, signataire de la protestation ; arrêté le 3 décembre, et mis en liberté en vertu de l'arrêté du préfet du 4 février, sous surveillance.

COURTÈS (Jean) jeune, arrêté à Toulouse après le 3 décembre, à cause de ses opinions républicaines; rendu à la liberté quelques jours après.

CRUBAILHES (Paul), rédacteur du journal *La Civilisation;* signataire de la protestation contre le coup-d'Etat, il fut arrêté le 3 décembre et condamné par la Commission mixte à la déportation en Algérie *plus;* il partit par le convoi du 25 mars. Gracié le 2 février 1853.

DAVID (Jacques), coutelier à Grenade, mis sous la surveillance. Gracié le 15 août 1852.

DEBERNAT (Bernard), docteur-médecin, rédacteur de *l'Émancipation*, condamné par la Commission mixte, le 20 février, à l'internement; peine commuée le 22 avril en celle de la surveillance. Gracié par décret du 2 février 1853.

DEBESSE (Jean-Baptiste) fut arrêté à Toulouse à la suite des affaires du 3 décembre; rendu à la liberté quelques jours après.

DEBRUYN (Auguste) fut arrêté à Toulouse à cause de ses opinions avancées, et reconduit en Belgique, d'où il était originaire.

DOSSET (Frédéric), entrepreneur de voitures, signataire de la protestation; arrêté le 3 décembre et rendu à la liberté le 23 février 1852, sous surveillance.

DOUCET (Pierre) arrêté à Toulouse à la suite des

affaires du 3 décembre; rendu à la liberté quelques jours après.

Dougados (David), arrêté à Toulouse à la suite des affaires du 3 décembre 1851; mis en liberté peu de jours après, sous surveillance.

Dubernat (François), teinturier-dégraisseur, signataire de la protestation contre le coup-d'Etat, fut arrêté le 3 décembre, et condamné à la déportation en Algérie *moins;* il partit pour l'exil le 25 mars. Gracié le 2 février 1853.

Dubernet (Jean), tourneur sur bois, à Muret, fut arrêté à cause de ses opinions démocratiques, et transféré dans les prisons de Toulouse, le 14 janvier 1852; il fut condamné par la Commission mixte, le 16 février 1852, à l'internement. Gracié le 22 avril suivant.

Duportal (Armand), né à Toulouse, le 17 février 1814, rédacteur de *l'Émancipation,* signataire de la protestation contre le coup-d'Etat, fut arrêté le 3 décembre 1851, et condamné par la Commission mixte, le 20 février 1852, à la déportation en Algérie *plus.* Il partit pour l'exil, avec le convoi du 25 mars, à la destination de Bône; interné à Alger, il fut ensuite transféré à Cherchell. La famille de ce citoyen dévoué à la cause républicaine fut partager son exil et le consoler dans son malheur. Gracié le 26 janvier 1853. Le citoyen Duportal est actuellement préfet du département de la Haute-Garonne.

Durand (Guillaume), marchand de poisson en gros, à Toulouse, signataire de la protestation, fut arrêté le 3 décembre 1851, et mis en liberté, en vertu de l'arrêté du préfet, le 4 février 1852; mis sous la surveillance du ministre de la police générale.

ESTENAVE (Paul), ex-sous-commissaire du gouvernement, fut arrêté le 3 décembre comme signataire de la protestation contre le coup-d'Etat; il a été relaxé en vertu d'une ordonnance de non-lieu, rendue par la Commission mixte, le 14 février 1852. Depuis arbitre de commerce, syndic des faillites près le tribunal de commerce de Toulouse.

ESTRADE (Jean), ouvrier tailleur, à Toulouse, fut arrêté le 3 décembre, dans cette ville, à cause de ses opinions démocratiques, et condamné par la Commission mixte, le 20 février, à la déportation en Algérie; il partit le 25 mars. Gracié le 27 août 1856.

FABRE (Louis), avocat, fut arrêté et emprisonné à cause de ses opinions républicaines avancées, et relaxé en vertu d'une ordonnance de non-lieu, rendue par la Commission mixte, le 14 février 1852.

FEUILLERAC (Jacques), propriétaire à Montesquieu-Volvestre, fut arrêté à Toulouse à la suite des affaires du 3 décembre, et relaxé peu de temps après.

FERRUAN (Jean) arrêté à la suite des affaires du 3 décembre, et mis en liberté, en vertu de l'arrêté du préfet, le 4 février 1852.

Fox (Jean-Joseph-Charles), fondeur de caractères d'imprimerie, signataire de la protestation, arrêté le

3 décembre, et mis en liberté, en vertu de l'arrêté du préfet, le 4 février 1852 ; mis sous la surveillance du ministre de la police générale.

GAILLARD (Gabriel), cordonnier, à Toulouse, fut arrêté à la suite des affaires du 3 décembre à cause de ses opinions démocratiques ; condamné le 21 février par la Commission mixte à l'internement avec surveillance, sa peine fut commuée en celle de la surveillance, le 7 avril 1852.

GARDES (Jacques), tailleur d'habits, à Muret, fut emprisonné à cause de ses opinions avancées, et transféré à Toulouse le 14 janvier 1852. Condamné par la Commission mixte, le 16 février 1852, à l'internement. Gracié le 2 avril 1852, figurant sur l'état des grâces du colonel Espinasse.

GAZAVE (Bernard), contumace. La Commission mixte lui permit, par décision du 28 février 1852, de rentrer dans son domicile, mais de rester sous la surveillance de la police.

GERLA (Jacques), menuisier, signataire de la protestation, fut arrêté le 3 décembre et mis en liberté, en vertu de l'arrêté du préfet, le 4 février 1852. Placé ensuite sous la surveillance du ministre de la police générale.

GODOFFRE (Henri), voyageur en librairie. Arrêté après les affaires du 3 décembre 1851, à cause de ses opinions avancées, et condamné à la déportation en Algérie *plus*, il partit le 25 mars 1852. Gracié le 2 février 1853.

GOTTREUX (Alphonse), ex-membre d'une commission municipale de Toulouse, arrêté à la suite des affaires du 3 décembre 1852, et rendu à la liberté, en vertu de l'arrêté du préfet, le 4 février 1852.

GRILLOU (Jean) dit CANTEGRIL, marchand boucher. Signataire de la protestation contre le coup-d'Etat, fut d'abord contumace; mais la Commission mixte lui permit de rentrer dans son domicile, sous la surveillance de l'autorité supérieure, par décision du 28 février 1852. Ladite commission l'avait condamné, le 24 février, à la surveillance. Il fut exilé en 1858, sans autre motif que celui d'exécuter à la circulaire du ministre de l'intérieur.

GRIMAILH (Emile), ancien officier, signataire de la protestation; arrêté le 3 décembre; relaxé en vertu d'une ordonnance de non-lieu, rendue par la Commission mixte, le 14 février 1852.

HINCELLIN, signataire de la protestation contre le coup-d'Etat. Fugitif.

JACOUBET (Simon) dit THÉODORE, architecte. Condamné à l'exil, sa peine fut commuée en celle de l'internement, le 13 mars 1852. Interné à Montesquieu-Volvestre.

JANOT (Isidore), rédacteur en chef du journal l'*Émancipation*, signataire de la protestation contre le coup-d'Etat; arrêté le 3 décembre; mis en liberté le 23 février 1852. Condamné à la surveillance par la Commission mixte le 21 février. Gracié le 5 octobre 1852. Il ne revint pas à Toulouse.

Joly (Henri), avocat, ex-commissaire extraordinaire du Gouvernement de 1848 à Toulouse, ancien député de la Haute-Garonne, fut expulsé du territoire français, en vertu d'un décret de Louis-Napoléon, du 3 décembre 1851. Ce citoyen n'est rentré en France qu'en dernier temps, pour venir mourir dans sa ville natale. Il est décédé à Limoux (Aude), le 4 septembre 1870, jour de la proclamation de la République française.

Laffont (Guillaume), homme de lettres, fut arrêté à Toulouse à la suite des affaires du 3 décembre. Condamné, le 21 février 1852, par la Commission mixte à la transportation en Algérie, sa peine fut commuée en celle de la surveillance, le 5 octobre 1852.

Lamane, détenu dans la prison de Saint-Gaudens, et mis en liberté en vertu de l'arrêté du préfet, le 4 février 1853; mais placé sous la surveillance du ministre de la police générale.

Lapoujade (François-Aristide) fut arrêté à Toulouse à la suite des affaires du 3 décembre, et mis en liberté.

Larrieu, arrêté à cause de ses opinions démocratiques après le 3 décembre, et mis en liberté, en vertu de l'arrêté du préfet, le 4 février 1852.

Lartigue (Jean), perruquier, de Pau, fut arrêté à Muret, où il travaillait, à cause de ses opinions démocratiques; il fut transféré à Toulouse, le 14 janvier, et mis en liberté, en vertu de l'arrêté du préfet, le 4 février 1852.

Latrille, imprimeur typographe. Détenu dans la

prison de Saint-Gaudens à cause de ses opinions républicaines, il fut mis en liberté, en vertu de l'arrêté
du préfet, le 4 février 1852. Il vient d'être élu par ses
concitoyens membre du Conseil municipal de Saint-
Gaudens.

LASSALLE, serrurier, *fugitif*, est l'auteur du coup de
pistolet tiré, soi-disant, sur l'aide de camp M. Forgemol. Il fut condamné par contumace à la transportation à Cayenne. Ce coup de pistolet, tiré *à blanc et
en l'air*, à l'angle de la rue Matabiau, ne pouvait
atteindre cet officier.

LAVIGNE (François), vétérinaire, maire de Blagnac,
signataire de la protestation contre le coup-d'Etat, fut
arrêté le 3 décembre ; relaxé en vertu d'une ordonnance
de non-lieu, rendue par la Commission mixte, le 14
février 1852. Depuis la réapparition de *l'Émancipation*,
il était administrateur de ce journal. Actuellement, le
citoyen Lavigne est sous-préfet de Saint-Gaudens.

LAYERLE, signataire de la protestation contre le
coup-d'Etat, arrêté le 3 décembre ; relaxé en vertu
d'une ordonnance de non-lieu, rendue par la Commission mixte, le 14 février 1852.

LEYGUE (Armand), ex-sous-commissaire du Gouvernement provisoire à Castelsarrasin, signataire de la
protestation contre le coup-d'Etat ; arrêté le 3 décembre ; mis en liberté, en vertu d'une décision de la
Commission mixte, le 14 février 1852. Quelle était
l'autorité et la valeur des décisions des Commissions
mixtes, sinon une complicité parfaitement établie,

commissions composées d'adhérants et de complices pour le coup-d'Etat.... Le citoyen Armand Leygue, relaxé en vertu d'une décision de ladite Commission, fut ensuite exilé par la Commission mixte de Tarn-et-Garonne qui le condamna à l'exil. Le citoyen Leygue, père d'une nombreuse famille, dont les fils servent depuis longtemps leur patrie dans la marine de guerre, est demeuré en Suisse jusqu'au retour de la République en France (1870) ; actuellement, le citoyen Armand Leygue est membre de la municipalité provisoire de Toulouse.

LOUBEAU (Bernard-Jacques), cafetier à Toulouse, fut arrêté, à Toulouse, à la suite des affaires du 3 décembre 1851, à cause de ses opinions. La Commission mixte le condamna à la déportation en Algérie *moins*. Il partit de Toulouse le 25 mars 1852. Gracié le 2 février 1853.

LUCET (Marcel), avocat, rédacteur de *l'Emancipation*, signataire de la protestation contre le coup-d'Etat, fut arrêté le 3 décembre, et mis en liberté, en vertu d'une décision du préfet, le 23 février 1852.

MANDEMENT (Michel), tailleur de pierre à Toulouse, fut arrêté à la suite des affaires du 3 décembre 1851, à cause de ses opinions républicaines ; il fut condamné par la Commission mixte à la déportation en Algérie *moins*. Il partit de Toulouse, le 25 mars 1852, pour l'exil. Il est mort sur la terre étrangère.

MARCILLAC (Bernard), fugitif, évita ainsi la prison préventive. La Commission mixte le rendit complétement à la liberté.

Mariande (Alphonse), détenu, pour ses opinions républicaines, dans la prison de Saint-Gaudens, d'où il sortit, en vertu de l'arrêté du préfet, le 4 février 1852 ; mais il resta surveillé par la police de Maupas.

Mascaras (Bernard), peintre-colleur, signataire de la protestation contre le coup-d'Etat, fut arrêté le 3 décembre 1851 ; mis sous la surveillance du ministre de la police générale.

Masse (Félix), détenu dans la prison de Saint-Gaudens à cause de ses opinions républicaines avancées, fut mis en liberté, en vertu de l'arrêté du préfet, le 4 février 1852.

Meilhou (Denis), signataire de la protestation contre le coup-d'Etat ; contumace, auquel la Commission mixte permit de rentrer dans son domicile, par décision du 2 février 1852, à la condition de rester sous la surveillance de l'autorité supérieure.

Méric (J.-M.) fils, négociant, signataire de la protestation contre le coup-d'Etat ; arrêté le 3 décembre, fut relaxé en vertu d'une ordonnance de non-lieu, rendue par la Commission mixte, le 28 février 1852.

Mélet (Philippe), maçon à Muret ; arrêté et emprisonné à cause de ses opinions démocratiques, il fut mis en liberté, en vertu de l'arrêté du préfet, le 4 février 1852.

Metgé (Marie-César), docteur-médecin, ex-maire de Montesquieu-Volvestre, ex-membre du Conseil général de la Haute-Garonne, révoqué, sacrifié et livré par le préfet Maupas, avec lequel il eut une affaire en plein Conseil de révision. M. le docteur Metgé ayant fait de l'opposition à M. Maupas au Conseil général, ce dernier voulut s'en venger par une insulte. En effet, le docteur avait donné un certificat de cécité à un de ses administrés de Montesquieu, pour lui servir devant le Conseil de révision, où il siégeait, en sa qualité de maire, à côté du préfet *à poigne*. Lorsque le jeune homme présenta au préfet ledit certificat, celui-ci lui demanda d'un air impertinent : « Dites-moi, jeune homme, combien M. le docteur Metgé vous a fait payer ce certificat?... » Le docteur qui avait déposé ses gants sur la table, devant lui, les prit et les jeta en pleine figure à l'insolent préfet ; puis, il se retira. Et immédiatement, après la séance, M. Metgé envoya ses témoins. Mais M. de Maupas refusa de se battre, à cause de ses fonctions, disait-il. Ce qui ne l'empêcha point de l'envoyer arrêter lors du coup-d'Etat, pendant la nuit. M. Metgé fut prévenu à temps, et protégé par toute la population, il resta caché quelque temps.

MILHAUD (Jean-Guillaume), né à Toulouse, compositeur typographe, fut arrêté à la suite de l'affaire dont nous avons raconté le fait à la page 39, le 3 décembre, sur la place du Capitole, et mis en liberté, en vertu de l'arrêté du préfet, le 4 février 1852. Mais la Commission mixte le condamna, le 29 février 1852, à la déportation en Algérie *plus*; il partit de Toulouse pour l'exil le 25 mars. Il fut gracié le 15 mai 1856 et repris en 1858, sans autre motif que celui de faire de la terreur après l'affaire d'Orsini, et de nouveau exilé à la

Calle (Afrique), où, dit-on, il serait mort. Durant son premier exil, il avait presque perdu la vue.

Mondouis (Germain-Frédéric), secrétaire du club des Droits de l'Homme, signataire de la protestation contre le coup-d'Etat. Condamné par la Commission mixte, le 21 février 1852, à l'internement avec surveillance, sa peine fut commuée en celle de la surveillance, par décision et grâce du colonel Espinasse, le 2 avril 1852.

Monnié (Frédéric), négociant, ancien juge au tribunal de commerce de Toulouse, ex-administrateur des hospices, ex-membre du Conseil municipal, etc., signataire de la protestation contre le coup-d'Etat, fut arrêté le 3 décembre ; relaxé en vertu d'une ordonnance de non-lieu, rendue par la Commission mixte, le 23 février 1852. Depuis, M. Monnié a été membre du Conseil municipal de Toulouse, juge et vice-président au Tribunal de commerce, etc.

Montel, signataire de la protestation contre le coup-d'Etat, arrêté le 3 décembre, et relaxé en vertu d'une ordonnance de non-lieu, rendue le 28 février 1852.

Moré (Clément), ex-huissier à Muret, ayant des opinions républicaines très avancées, aussi fut-il condamné à la transportation en Algérie *plus*, par la Commission mixte, le 16 février 1852. Il partit par le convoi du 25 mars pour l'Afrique, et fut gracié par décret du 2 février 1853.

Mulé (Bernard), ancien membre de l'Assemblée constituante, né le 13 novembre 1803, signataire de la protestation contre le coup-d'Etat. « Républicain « d'une nuance très foncée, exerce une grande in- « fluence sur la classe ouvrière. Ancien membre de « l'Assemblée constituante, a signé l'appel à l'insur-. « rection du 3 décembre 1851. Estimé, comme homme « privé, même par ceux qui blâment son exaltation « politique. » (Rapport de la police.) Condamné à l'internement, à Ax (Ariége), par la Commission mixte, le 21 février 1852. Gracié par décret du 3 février 1853. Cet honorable citoyen, estimé de tous, a été constamment tracassé par la police impériale. Il a été élu membre du Conseil municipal de Toulouse, etc.

Noyés (André), cultivateur à Seysses, condamné, par la Commission mixte, le 16 février 1852, à la transportation en Algérie. Gracié le 2 février 1853.

Pébernat (Jules), propriétaire, ex-sous-commissaire du Gouvernement de 1848 à Villefranche-de-Laura- gais, signataire de la protestation contre le coup-d'Etat. Condamné, par la Commission mixte, le 24 février 1852, à l'internement avec surveillance. Autorisé à rentrer provisoirement à Toulouse, le 8 décembre 1855, où il est demeuré avec sa famille.

Pech (Pierre), ouvrier en fer, signataire de la pro- testation contre le coup-d'Etat, fut arrêté le 3 décembre, dans la nuit, et mis en liberté, en vertu de l'arrêté du préfet, le 4 février 1852.

Pégot-Ogier (Jean-Baptiste), négociant, ancien membre de l'Assemblée constituante, signataire de la protestation contre le coup-d'Etat. Condamné à l'expulsion, par la Commission mixte, le 21 février 1852. Gracié par décret du 2 février 1853.

Pégot-Ogier (Jean-Marie), pharmacien à Saint-Gaudens, condamné par la Commission mixte, le 18 février 1852, à l'internement avec surveillance. Sa peine fut commuée en celle de la surveillance, par décret du 23 avril 1852.

Pélissier aîné, forgeron ; signataire de la protestation contre le coup-d'Etat, trouva moyen de se soustraire aux recherches des agents de police. La Commission mixte l'autorisa à rentrer chez lui, le 28 février 1852, à la condition d'être placé sous la surveillance du ministre de la police générale.

Penavayre (Victor), instituteur à Loubens, arrondissement de Villefranche ; sous le coup de l'arrestation, à cause de ses opinions républicaines, resta caché trois mois.

Pons (Bertrand), détenu dans la prison de Saint-Gaudens, à cause de ses idées républicaines , fut mis en liberté, en vertu de l'arrêté du préfet, le 4 février 1852 ; mais réservé à la surveillance de la police Maupas.

Pradienne (Raymond), signataire de la protestation contre le coup-d'Etat, fut condamné par la Commission mixte à l'éloignement du territoire français. Nous n'avons pu suivre la trace de ce citoyen dont le dossier porte, comme pour certains autres, qu'il a signé l'*acte* du 3 décembre 1851, et dont nous ne trouvons pas les signatures.

PRATVIEL-LANGE, signataire de la protestation, fut arrêté le 3 décembre, et probablement mis bientôt en liberté.

PUYSÉGUR dit BONAPARTE, détenu dans la prison de Saint-Gaudens, à cause de son antipathie contre son *homonyme Bonaparte* ; il fut rendu à la liberté, grâce à l'arrêté du préfet, le 4 février 1852.

RÉGEAU, correcteur-typographe du journal *La Civilisation*, signataire de la protestation. Il disparut et ne put être arrêté, ce qui n'empêcha point la Commission mixte de l'autoriser à rentrer à son domicile, tout en restant sous la surveillance de l'autorité supérieure, le 28 février 1852. On ne le vit plus jamais.

RÉMUSAT (Charles DE), propriétaire au Fousseret, ancien député, ancien ministre, membre de l'Institut de France, mainteneur des Jeux-Floraux, représentant du peuple de la Haute-Garonne, fut exilé en vertu d'un décret signé par Louis-Napoléon Bonaparte, président de la République à Paris, le 2 décembre 1851.

REY (Guillaume), commissaire-priseur, signataire de la protestation contre le coup-d'Etat, fut arrêté le 3 décembre 1851, et mis en liberté, par ordre de la Commission mixte, le 14 février 1852. Il resta soumis aux vexations de la police du sieur Maupas, et il fut -forcé de vendre sa charge de commissaire-priseur.

Nous avons eu l'honneur de connaître cet honnête et malheureux citoyen.

RISCLE, membre du conseil d'arrondissement de Narbonne (Aude), signataire de la protestation contre le coup-d'État publiée par *l'Émancipation*, fut arrêté à Toulouse, le 3 décembre 1851, et relaxé en vertu d'une ordonnance de non-lieu, rendue par la Commission mixte, le 14 février 1852.

RIVER (B.), signataire de la protestation contre le coup-d'Etat; arrêté le 3 décembre; relaxé en vertu d'une ordonnance de non-lieu, rendue par la Commission mixte, le 28 février 1852.

RIVIÈRE, cordonnier, signataire de la protestation contre le coup-d'Etat, fut condamné à la transportation en Algérie par la Commission mixte, le 23 février 1852. Gracié par décret du 2 février 1853. Exilé de nouveau en en 1858, il mourut sur le sol étranger.

ROLLAND (Etienne), tailleur de pierre, à Toulouse; arrêté à la suite des affaires du 3 décembre, à cause de ses opinions démocratiques avancées, fut condamné par la Commission mixte, le 23 février 1852, à la transportation en Algérie *plus*. Il partit le 25 mars. Sa peine a été commuée en celle de la surveillance, par décret du 8 décembre 1852.

ROQUELAINE (Pierre-Jean), ancien maire de Toulouse, membre du conseil général de la Haute-Garonne. Extrait du rapport de la police : « Républicain très avancé, mais honnête homme, instruit et intelligent, signataire de la proclamation du 3 décembre 1851, appelant le peuple aux armes. » Arrêté pendant la nuit du 3 au 4 décembre, il fut rendu aussitôt à la liberté ; mais condamné par la Commission mixte, le 21 février 1852, à l'internement, il fut interné à Château-Gontié (Mayenne). Décédé, à Paris, le 20 septembre 1860.

Rouch (Thomas), signataire de la protestation contre le coup-d'Etat, fut arrêté le 3 décembre 1851, et mis peu de jours après en liberté.

Saint-Gresse (Charles de), avocat, signataire de la protestation contre le coup-d'Etat, fut arrêté le 3 décembre ; mis en liberté et ensuite hors de poursuite, en vertu d'une ordonnance de non-lieu, rendue par la Commission mixte, le 28 février 1852. M. de Saint-Gresse, avocat distingué, a été nommé procureur général près de la Cour d'appel de Toulouse, le lendemain de la proclamation de la République.

Sanches, notaire, au Faget, arrondissement de Villefranche, mourut au moment de son arrestation.

Tachoire (Napoléon), ancien avoué à Muret, rédacteur de l'Émancipation, signataire de la protestation contre le coup-d'Etat. Condamné à l'internement par la Commission mixte, le 23 février 1852. Gracié par décret du 5 octobre 1852.

Talour (Thomas), sabotier, à Toulouse, arrêté à la suite des affaires du 3 décembre, et condamné à l'internement par la Commission mixte, le 23 février 1852. Gracié par décret du 5 octobre 1852.

TAUPIAC (Antoine), charpentier, signataire de la protestation contre le coup-d'Etat; arrêté le 3 décembre, et mis en liberté peu de jours après.

TAUPIAC (François) dit MIRANDOLE, charpentier; condamné à l'expulsion par la Commission mixte, le 20 février 1852. Gracié par décret du 2 février 1853.

TAURIAC (Jean) arrêté à Toulouse à la suite des affaires du 3 décembre, à cause de ses opinions démocratiques; rendu à la liberté, en vertu de l'arrêté du préfet, du 4 février 1852; mais placé sous la surveillance du ministre de la police générale.

TEYSSIER (Jacques) dit TAMBOUR, arrêté à la suite des affaires du 3 décembre, et mis en liberté peu de jours après.

THURON (Jacques), chevrier; emprisonné d'abord à Muret à cause, sans doute, de son influence sur les masses, fut transféré à Toulouse le 14 janvier 1852, et mis en liberté en vertu de l'arrêté du préfet, le 4 février suivant. A celui-ci au moins, les opinions politiques lui auront servi à quelque chose, « à blanchir en prison. »

TROY (Antoine), menuisier, signataire de la protestation contre le coup-d'Etat, fut arrêté dans la nuit du 3 décembre, et condamné par la Commission mixte, le 20 février 1852, à la transportation en Algérie *plus*. Gracié le 2 février 1853.

VALETTE (Edmond), propriétaire, à Toulouse, fut arrêté à la suite de la dénonciation calomnieuse d'un faux ami, très puissant sous le gouvernement de Bonaparte. Une protestation générale s'éleva contre cette arrestation ; une enquête fut ordonnée, et les résultats furent d'établir de plus fort l'honorabilité du citoyen Valette, ce qui manqua à son dénociateur. Aussi, la Commission mixte prononça son relaxe, en vertu d'une ordonnance de non-lieu, le 14 février 1852. Ses concitoyens l'ont depuis élu membre du conseil municipal de Toulouse, à une grande majorité de suffrages.

Valliége, ex-commissaire du Gouvernement provisoire, signataire de la protestation contre le coup-d'Etat, fut arrêté le 3 décembre ; relaxé en vertu d'une ordonnance de non-lieu, rendue par la Commission mixte, le 28 février 1852.

Vidal (Laurent), cordonnier ; condamné par la Commission mixte, le 23 février 1852, à la transportation en Algérie, sa peine fut commuée en celle de l'internement, le 5 octobre 1852. Gracié par décret du 2 février 1853.

Viguié (Isidore) fut arrêté à la suite du coup-d'Etat, à cause de ses opinions politiques, et mis en liberté, en vertu d'un arrêté du préfet, le 4 février 1852, sous la surveillance du ministre de la police générale.

Vincent (Pierre), épicier, à Muret, fut arrêté à cause de ses opinions démocratiques ; transféré dans les prisons de Toulouse le 14 janvier 1852, et rendu à la liberté, par arrêté du préfet, le 4 février suivant.

Vivent (Joseph-François), minotier, membre du conseil municipal de la commune de Toulouse durant quinze ans, membre de la Chambre de commerce, juge au Tribunal de commerce, membre de la Commission départementale de 1848, administrateur des hospices, signataire de la protestation contre le coup-d'Etat, fut arrêté le 3 décembre à cause de ses opinions républicaines, et ensuite condamné par la Commission mixte, le 21 février 1852, à l'expulsion temporaire du territoire français. Cette peine fut commuée en celle de la surveillance, par décret du 4 avril 1852. Il avait été interné en Afrique. Il est inutile de faire l'éloge de cet honorable citoyen que tout le monde aime et estime à Toulouse.

WEILLÉ (Barthélemy), ouvrier chapelier, signataire de la protestation contre le coup-d'Etat; condamné par la Commission mixte, le 23 février 1852, à la transportation en Algérie. Gracié par décret le 2 février 1853. Il était contumace, et ne fut arrêté que le 27 avril 1852.

———

Le 4 février 1852 furent mis en liberté les détenus politiques arrêtés après les événements du 2 décembre 1851 et emprisonnés à Villefranche-de-Lauragais. Voici leurs noms:

Alba, cordier, à Gardouch; Belou, tailleur, à Villenouvelle; Cazeneuve, géomètre, à Villenouvelle; Chaffort, confiseur, à Caraman; Chauroux, boucher, à Caraman; Germaine, praticien, à Caraman; Laflèche, pharmacien, à Caraman; Monfraix, à Calmont; Pellegry, ex-négociant, au Bourg-Saint-Bernard; Pittore, propriétaire, à Caraman.

MM. Marie Achard, typographe, Vivent, minotier; Cazeneuve, de *l'Émancipation ;* Dubernat, teinturier-dégraisseur; Milhau, typographe, qui avaient été mis en liberté, furent réintégrés dans les prisons de Toulouse les premiers jours du mois de mars 1852.

DÉPARTEMENT DE L'ARIÉGE

Balagué (Pierre-Jean-Baptiste), maître d'étude, à Saint-Girons (Ariége), fut condamné à l'éloignement momentané du territoire français.

Barbier (Antoine) fut condamné à l'internement à Pamiers, sa résidence, et sous la surveillance.

Barrère (Paul), serrurier, à Saint-Girons, condamné, par la Commission mixte, à l'internement à 100 kilomètres au moins au-delà des limites du département de l'Ariége.

Benos (Napoléon-Jules-César), peintre, à Saint-Girons, condamné à l'internement hors du département.

Boué (René-Jean-Baptiste), relieur, à Saint-Girons, interné à plus de 100 kilomètres de l'Ariége, par décision de la Commission mixte.

Bouneau (Jules), peintre à Paris, poursuivi dans l'Ariége à la suite des événements du coup-d'Etat; arrêté d'abord et ensuite mis en liberté, par arrêté du préfet, le 4 février 1852.

BRETON (Jean-François), avocat, à Foix, arrêté à la suite des affaires du coup-d'Etat, et rendu à la liberté, en vertu de l'arrêté du préfet, le 4 février 1852.

BRUNET (Jean), armurier, à Saint-Girons, fut expulsé du territoire français par la Commission mixte. Ces commissions disposaient du sol français comme l'on dispose d'une terre conquise.

CAMBON (Sébastien), commis, à Vicdessos (Ariége). Après avoir été arrêté à la suite du coup-d'Etat, il fut mis en liberté le 4 février 1852.

CASSAGNE (Pierre), de Pamiers, expulsé de France.

CHENOT (Adrien), ingénieur civil. Après son arrestation, à cause de ses opinions républicaines, il fut rendu à la liberté le 4 février 1852.

DURRIEU (Jean-Baptiste), coiffeur, à Saint-Girons, fut condamné par la Commission mixte à la transportation en Algérie.

FAURÉ (Jean-Joseph), de Castillon (Ariége), fut renvoyé, par la Commission mixte, devant le tribunal de police correctionnelle de Saint-Girons.

FERRIER (Joseph) dit *Cadet*, tanneur, à Saint-Girons, fut placé sous la surveillance de la police de M. de Maupas.

FRANC (Auguste), négociant, à Saint-Girons, fut condamné, par la Commission mixte de l'Ariége, à la transportation en Algérie.

FAUSTIN (Alexandre) fut arrêté, et il *s'évada* des prisons de Foix le 15 mars 1852.

HILAIRE (Pierre-Adolphe), de Tarcascon (Ariége), fut expulsé du territoire français, par la Commission mixte, par droit *de conquête!*

ILLE (Jean), d'Argein (Ariége), condamné à la transportation en Algérie.

MESPLIÉ (Alexandre), boucher, à Tarascon (Ariége); arrêté en décembre 1851; mis en liberté le 4 février 1852.

MIRE (Antoine), de Pamiers, interné dans cette ville, sous la surveillance du ministre de la police générale (M. de Maupas).

PESCAYRE (Pierre-Faustin), de Tarascon (Ariége), fut condamné à l'expulsion du territoire français par la Commission mixte.

PÉTRI (Joachim), de Pamiers, fut interné à Neufchâtel, en Bray (Seine-Inférieure), par décision de la Commission mixte.

PILHES (Aristide), de Tarascon, homme de lettres, fut condamné par la Commission mixte à la transportation en Algérie *plus*. Il s'évada des prisons de Foix le 15 mars 1852.

PILHES (Aubin), marin en retraite, de Tarascon (Ariége), fut arrêté après les événements du 2 décembre 1851, et rendu à la liberté, en vertu de l'arrêté du préfet, le 4 février 1852.

ROUAIX (Jean-Elisabeth-Lazare), avoué près le tribunal de Saint-Girons (Ariége), fut condamné par la Commission mixte à la transportation en Algérie.

Rougé (François), de Pamiers, fut interné dans cette ville, par décision de la Commission mixte, sous la surveillance de la police Maupas.

Notons toujours et notons bien : « Onze arrestations furent faites à Saint-Girons, vers la fin du mois de janvier 1852, par les ordres de M. Denat, conseiller à la Cour d'appel de Toulouse, et de M. Cassagne-*Ramade*, substitut du procureur général Fauconneau dit Dufresne. Ces arrestations se rattachaient soi-disant aux événements du 3 décembre 1851, dont la Cour d'appel de Toulouse avait eu *la bonté* d'évoquer l'instruction !... »

Les condamnés politiques de l'Ariège, à la transportation en Algérie par la Commission mixte, quittèrent les prisons de Foix, le 18 mars, avant l'aube du jour, escortés de la gendarmerie et d'un piquet d'infanterie, pour se rendre à Port-Vendres, où un bâtiment de l'Etat les attendait pour les transporter à leur destination. Mon Dieu, faut-il penser encore que ceux qui avaient pour devoir de faire respecter *la justice* étaient les complices de telles infamies. Consolons-nous, en faisant actuellement appel à la justice et aux lois de notre pays.

DÉPARTEMENT DU TARN

ALMARIC (Jean), de Mazamet (Tarn), fut condamné, par la Commission mixte, à l'internement à Périgueux (Dordogne).

AUSSENAC, avocat, à Castres ; condamné à l'internement à Belle-Isle-sur-Mer, il ne rentra à Castres qu'en 1854.

AUSSILLOUS (Charles), du canton de Saint-Amans, condamné à l'internement à Aurillac (Cantal).

AUSSILLOUS (Victor) fut emprisonné à Castres, le 8 mars 1852, comme faisant partie d'une société dite secrète.

ASTRUC (Fulcrand) fut incarcéré à Castres, le 8 mars 1852, prévenu de participation à une société politique secrète.

BARAILLÉ (Joseph), du canton de Mazamet, fut condamné, par la Commission mixte du Tarn, à l'internement à Dax (Landes).

BARTHÉS (Jean), propriétaire, à Mazamet, déporté à Cayenne. Mort à Marseille en 1858.

BARTHÉS (François) dit *Renard*, scieur de long, fut arrêté à la Bastide-Rouairoux (Tarn), le 27 décembre 1851, à la suite du désarmement de la garde nationale du Tarn.

BEL (Germain), de Mazamet, fut arrêté à la suite des

événements du 3 décembre 1851, dont la Cour d'appel avait évoqué l'instruction (toujours complaisante).

BORDES (Louis) dit l'*Amérique*, cordonnier à la Bastide-Rouairoux, fut arrêté vers le 15 janvier 1852, à cause de ses opinions politiques.

CEVOLA (Ambroise) dit *Paul*, scieur de long à la Bastide-Rouairoux, fut arrêté, à la suite du désarmement de la garde nationale du Tarn, le 27 décembre 1851.

COMBELLES (Jacques) fut emprisonné à Castres, le 8 mars 1852, comme membre d'une société secrète.

CROS (Eloi), dit *Louette*, du canton de Mazamet, fut condamné, par la Commission mixte, à l'internement à Montauban.

DOUMET (Auguste), cardier, à la Bastide-Rouairoux, fut arrêté, à cause de ses opinions démocratiques, vers le 15 janvier 1852.

ESPINASSE, ancien facteur rural d'Albi, fut condamné, par la Commission mixte du Tarn, à la transportation en Algérie ; il partit de Toulouse le 25 mars 1852.

FAGES (Jean-Pierre) dit *Laplau*, fut emprisonné à Castres, le 8 mars 1852, sous la prévention de faire partie d'une société secrète.

FONTÈS (Pierre-Auguste), briquetier à Albi, fut arrêté le 12 février 1852, à la suite du coup-d'Etat du 2 décembre 1851, et condamné, par la Commission mixte du Tarn, à la transportation en Algérie ; il partit de Toulouse le 25 mars 1852.

Froissac (N...), fabricant de chapeaux à Albi, fut déporté.

Galinier (Louis-Prosper), de Saint-Amans, fut interné à Limoux (Aude).

Garenc (Gabriel), de Saint-Amans (Tarn), fut condamné, par la Commission mixte, à l'internement à Guéret (Creuse).

Gouget (Louis) dit *Aneille*, fut emprisonné à Castres, le 8 mars 1852, accusé de faire partie d'une société secrète.

Guibbert, boulanger, à la Bastide-Rouairoux, fut arrêté vers le 15 janvier 1852, à cause de ses opinions démocratiques.

Lanet (Jacques) fut arrêté et emprisonné à Castres, comme faisant partie d'une société secrète, le 8 mars 1852.

Magné, charpentier, à Albi, fut arrêté à cause de ses idées démocratiques, le 12 février 1852.

Marty (Joseph) dit *Fanfan*, fut arrêté, le 8 mars 1852, à Castres, accusé de participer à une société secrète.

Marty (Louis-André), de Saint-Amans, fut condamné, par la Commission mixte, à être interné à Clermont-Ferrand.

Méran (Jacques), de Mazamet, fut arrêté à la suite des événements du 3 décembre 1851, dont la Cour d'appel avait évoqué l'instruction.

PAGÈS (Bernard) dit *Bassou*, du canton de Saint-Amans, fut condamné, par la Commission mixte, à l'internement à Bagnères-de-Bigorre.

PAGÈS (Gabriel) fut emprisonné à Castres, le 8 mars 1852, comme faisant partie d'une société secrète.

PAGÈS (Jean-Pierre), de Saint-Amans, fut condamné, par la Commission mixte, à l'internement au Puy (Haute-Loire).

PHILIPPOU (Antoine), de Saint-Amans, fut condamné, par la Commission mixte, à l'internement à Saint-Flour (Cantal).

PUECH, officier de santé, à Albi, fut condamné, par la Commission mixte du Tarn, à la transportation en Algérie *plus;* il partit de Toulouse le 25 mars, pour la Casbach-de-Bône, d'où il revint à demi-paralysé, ce qui le sauva d'être de nouveau exilé en 1858.

ROUANET (Denis) fut emprisonné, à Castres, le 8 mars 1852, comme faisant partie d'une société politique secrète.

ROUANET (Gabriel), coffretier, à la Bastide-Rouairoux, fut arrêté à cause de ses opinions démocratiques, vers le 15 janvier 1852.

ROUANET (François) dit *Rit*, fut emprisonné, à Castres, le 8 mars 1852, à cause de ses opinions démocratiques, et comme faisant partie d'une société secrète.

ROUANET (Louis), cultivateur, à la Bastide-Rouairoux, fut arrêté par rapport à ses tendances démocratiques, vers le 15 janvier 1858.

Rouyrenc (Joseph) dit *Médoc*, de Saint-Amans, fut condamné, par la Commission mixte du Tarn, à l'internement à Aubusson (Creuse).

Sénégas (Jacques), fileur, fut emprisonné à Castres, le 8 mars 1852, comme membre d'une société secrète.

Tournié (Pierre), contre-maître, fut emprisonné à Castres, le 8 mars 1852, comme participant à une société secrète.

Valette (Guillaume), de Mazamet, fut condamné, par la Commission mixte du Tarn, à l'internement à Mont-de-Marsan (Landes).

Comme on pourra s'en convaincre, cette liste est loin d'être complète, attendu qu'il est arrivé du département du Tarn seulement, à Toulouse, pour le départ du 27 mars 1852, *cinquante* condamnés à la transportation en Algérie, sur quatre prolonges escortées par un détachement de hussards et de gendarmes. Peut-on se rendre un compte exact des victimes faites dans ce département, en ajoutant à ce nombre de cinquante ceux des condamnés par la commission mixte du Tarn à d'autres pénalités édictées par la circulaire des trois ministres, et des libérés après une détention préventive, et, surtout, lorque l'on sait que c'était M. Albert Villeneuve qui instrumentait comme procureur de la République? C'est le même qui était procureur impérial, à Toulouse, lors de la déportation de 1858, qui envoya de nouveau tant de citoyens inoffensifs, sans jugement préalable, *en exil*.

— On lit dans le *Conciliateur du Tarn :*

« Albi, 24 mars 1852.

« Un détachement d'un régiment d'artillerie, en garnison à Toulouse, est arrivé, hier, à Albi, avec quatre fourgons. On dit qu'il en repartira demain, emmenant des condamnés politiques du Tarn qui se trouvent, en ce moment, dans la maison d'arrêt de notre ville. Rien d'officiel n'a transpiré à ce sujet ; les noms et le nombre de ces condamnés, déportés ou expulsés, est un mystère que le public ne connaîtra qu'au moment de leur départ. »

Ils furent mis en route pendant la nuit, et arrivèrent à Toulouse le 25 mars 1852, d'où ils partirent, pour l'Algérie, le 27 mars.

DÉPARTEMENT DE TARN-ET-GARONNE

Nous empruntons les documents suivants au journal *L'Emancipation* sur l'invitation que cette feuille a faite, dans son numéro du 16 octobre, de reproduire cet article afin de rendre tous les actes du coup-d'Etat publics et répandus :

« Nous sommes en possession de documents officiels et authentiques concernant les agissements de l'Empire et des complices du coup-d'Etat dans nos contrées méridionales. La publication de ces documents, tenus secrets jusqu'à ce jour, sera l'un de plus sévères châtiments moraux que nous puissions imposer aux mauvais citoyens qui ont livré la France pieds et poings liés à l'homme du Deux-Décembre. De curieuses, intéressantes et surprenantes révélations se trouvent dans le volumineux dossier que nous avons entre les mains et dont nous commençons aujourd'hui l'insertion dans nos colonnes, pour l'édification de ceux de nos lecteurs qui estiment que nous avons tort de nourrir de la haine contre l'infâme couronné qui, à Sedan, a si lâchement vendu et livré la France au roi de Prusse.

« Voici donc, pour débuter, ce qui concerne le département de Tarn-et-Garonne et quelle était la composition de la Commission mixte, instituée dans ce département à l'occasion des événements qui ont suivi le coup-d'Etat du 2 décembre 1851 :

« Baron Dufay de Launaguet, préfet ;

« Bourjade, général de brigade, commandant le département ;

« Augustin Gairal, procureur de la République près le tribunal de Montauban.

« Voici maintenant, le rapport adressé le 8 janvier 1852, par le procureur de la République, près le tribunal de 1re instance de Montauban, au préfet de Tarn-et-Garonne.

« Monsieur le préfet,

« La procédure suivie à Montauban, à l'occasion des désordres qui ont eu lieu les 3, 4 et 5 décembre dernier, comprend douze individus. Sept sont arrêtés, cinq sont en fuite.

« Les sept arrêtés sont les nommés :

« 1° Manau (Jean-Pierre), avocat au tribunal de Montauban, né le 18 août 1822. Il assista aux réunions qui eurent lieu au club démagogique les 3 et 4 décembre. Il y remplit le principal rôle, et fit partie de toutes les députations que le club envoya aux autorités. On le désignait comme futur candidat du parti socialiste à l'Assemblée nationale, et comme devant occuper la préfecture, dans le cas où ce parti aurait triomphé. Il a été secrétaire de Ledru-Rollin, pendant que celui-ci était membre du Gouvernement provisoire, et le célèbre démagogue fut sur le point de le faire nommer substitut près le tribunal de première instance de la Seine. C'est, sans contredit, le plus intelligent des hommes d'opposition de notre ville, et il y avait acquis une grande importance. Il conserve beaucoup de dévouement pour Ledru-Rollin. Il a un incontestable talent, et, chose qui plaît toujours au peuple, il est en quelque sorte sorti de son sein (1).

« Il sera, tant qu'il résidera à Montauban, le chef de l'opposition.

« 2° Martin-Pessartou (Pascal), licencié en droit, né et demeurant à Montauban.

---

(1) D'où sont sortis MM. Augustin Gairal, Albert Villeneuve, Colomb de Batines et Henri-Abel Fauconneau Dufresne, qui ont siégé aux Commissions mixtes?...   A. B.

« Il a présidé le club les 3, 4 et 5 décembre. C'est
un caractère opiniâtre, et un homme d'un talent à peu
près nul. Il aspirait à une des places de juge de paix
de Montauban, et c'est lui qui fonda le club, auquel
il donna d'abord la couleur d'une société de secours
mutuels. C'est un joueur habile et tenace, à qui, pourtant, on ne reproche aucun acte de déloyauté. Il a et
conservera toujours de l'action sur les ouvriers qui
étaient affiliés à son club.

« 3° BERTAL (Hippolyte), né à Montpezat, le 11 juillet
1822, nommé juge de paix du même canton par le
Gouvernement provisoire, puis remplacé en 1849. Il
est prévenu de s'être associé aux complots qui sour-
dirent dans le club pendant les journées des 3, 4 et
5 décembre. Ce qu'il y a de certain, c'est que deux
membres de ce club allèrent le chercher en voiture à
Montpezat, pendant la nuit du 4 au 5.

« C'est un homme haineux (1) et regardant comme
des ennemis tous ceux qui sont au-dessus de lui par la
fortune et le talent. Maître d'études au collége de Tou-

---

(1) Ce rapport de magistrat-policier, en quête de faveurs et
d'avancements, n'eût pas été complet, s'il ne s'y fût trouvé quelques accusations de ce genre contre des hommes poursuivis et
frappés par la terreur bonapartiste. Nous verrons bien d'autres
diffamations de même nature dans le cours de cette publication du
dossier de l'Empire dans le Midi. Mais que les diffamés et les calom-
niés ne fassent aucun cas des diatribes lancées contre eux dans les
divers documents rédigés et signés par les plats valets de la réac-
tion. Les injures et les infamies, débitées par de telles gens ne
sauraient atteindre ni déshonorer personue, bien au contraire.

(*Note de la rédaction.*)

louse avant 1848, il écrivait dans *l'Emancipation* contre
le gouvernement qui le payait. Relégué enfin à Montpezat, depuis la perte de sa place de juge de paix, il y
prêchait le socialisme et il était regardé par les démagogues de Montauban comme le chef de cette contrée.
Il a quelque talent, beaucoup d'opiniâtreté dans le
caractère, et une certaine habileté à manier l'esprit
des paysans ; il a quelque influence, et je doute qu'il
soit possible de le ramener à des idées d'ordre.

« 4° ATGÉ (Louis), né à Montpellier, âgé de 48 ans,
choriste au théâtre de Montauban.

« Cet homme se fit remarquer dans le club, pendant
les journées du 3 et du 4, par son exaltation ; il fut le
plus ardent de tous à crier : Aux armes !... aux armes !..
Tout indique qu'il a dû, soit sous la monarchie, soit
sous la République, jouer un rôle quelconque dans les
troubles de Lyon, du moins il s'en ventait. Il est, au
reste, marié et père d'un enfant, et n'a d'autres moyens
d'existence que ce qu'il gagne au théâtre.

« 5° GASC (Louis-Léopold), né à Montauban, le
10 mars 1827, demeurant dans la même ville, célibataire, commis marchand de bois chez son père.

« C'est ce jeune homme qui, avec un autre, qu'il
n'a pas voulu nommer, et que la procédure n'a pu
découvrir, alla chercher Bertal, à Montpezat, dans la
nuit du 4 au 5 ; il est fort exalté et signalé dans son
quartier par la ferveur de ses principes socialistes, mais
il n'a aucune valeur réelle et aucune influence.

« 6° PAGÈS (Louis) dit *Luc*, âgé de 47 ans, ancien

charrieur de grains au moulin de Loubejac, commune de Lhonor-de-Cos; actuellement portefaix à Montauban; marié, sans enfants, et séparé de sa femme depuis longtemps.

« On l'entendit dans un club proférer souvent les cris aux armes et parler dans la rue, pendant la nuit du 4, de meurtre et de pillage; il lui fallait surtout de riches maisons. .

« 7° LARFAILLOUX (Bernard), âgé de 28 ans, né et demeurant à Montauban, ancien militaire, actuellement ouvrier tailleur de pierre, célibataire.

« Il n'a pas d'antécédents fâcheux et ne possède qu'une médiocre intelligence. Il proféra, pendant qu'on conduisait, le 5 décembre, sept clubistes en prison, le cri de : A bas la police! Il n'a aucune action sur la population.

« LES CINQ qui se sont soustraits à l'exécution des mandats décernés contre eux sont :

« 1° MERCADIER (Jean-Pierre-Alexis), âgé de 28 ans, né à Montauban, demeurant dans la même ville, ouvrier menuisier, père de deux enfants.

« Il faisait partie du club et criait, pendant qu'on conduisait en prison les sept clubistes arrêtés le 5, que M. le président de la République avait violé la Constitution et qu'il devait être pendu.

« 2° MONBRUN (Jean-Aubin), né et demeurant à Montauban, âgé de 39 ans, marchand tailleur dans la même ville.

« C'est un des clubistes qui refusèrent d'obéir à la sommation qui leur fut faite de se retirer ; du reste, Monbrun, qui a de l'esprit et une grande facilité d'élocution a toujours marqué dans les clubs ; il fut l'orateur le plus remarqué après le 24 février 1848 ; il l'a été aussi pendant les journées des 3, 4 et 5 ; il parodia, après la sommation qui fut faite au club de se dissoudre, les paroles de Mirabeau au marquis de Dreux-Brézé sommant les députés du tiers-ordre de se retirer ; il affichait partout une profonde sympathie pour Ledru-Rollin et pour tous les démagogues émigrés à Londres ; il fit partie, en 1848, des prétendus patriotes qui, après l'arrivée du commissaire général Joly, statuèrent sur le sort des fonctionnaires publics ; cet individu fatigue depuis longtemps la police par ses tapages ou l'importance qu'il se donne, C'était l'un des chefs du parti ; on le suivait, on l'écoutait avec plaisir ; du reste, ne *voulant* subir aucune supériorité sociale ; la facilité de paroles qu'il possède lui donne quelque action sur les masses.

« 3° ANSAS (Jean-Marie-Aristide), né et demeurant à Montauban, ancien substitut du procureur de la République dans la même ville, maintenant avocat, célibataire, âgé de 28 ans. On lui attribue des paroles excessivement graves prononcées par lui dans le club pendant la journée du 4 décembre ; il excitait le peuple à s'armer et lui indiquait les armes diverses dont il pouvait se munir.

« 4° POUMARÈDE (Etienne-Jean-André), sans profession, né et demeurant à Montauban, âgé de 33 ans, célibataire.

« C'est un socialiste fanatique, qui s'en allait, de café en café et de cabaret en cabaret, prêcher le socialisme parmi nos ouvriers. Il a quelque action et quelque influence dans notre ville parmi les hommes de cette classe. Il alla le 3 décembre prendre le mot d'ordre du parti, à Toulouse. Tout semble indiquer aussi qu'il fut du nombre des clubistes qui tentèrent d'appeler dans la ville leurs amis du dehors. Son fanatisme le rend dangereux.

« 5° DELPECH (Jean), âgé de 38 ans, né et demeurant à Montauban, célibataire, élève ou ancien élève à la Faculté protestante de cette ville. C'est un péroreur de clubs, très violent et de fort peu de talent, qui voulait sortir de la médiocrité à laquelle il se voyait condamné. Il fut, au club, l'auteur des motions les plus violentes; notamment de celle qui avait pour objet d'exiger du maire l'armement immédiat des clubistes; il osa même aller avec d'autres clubistes reproduire cette proposition devant le maire.

« Delpech a de l'action sur les ouvriers protestants, et la violence de ses discours lui a nécessairement créé une certaine importance parmi les hommes dangereux que cette ville renferme.

« Telles sont, M. le Préfet, les notes et renseignements que je peux vous fournir sur les hommes que je poursuis. J'espère que ce document vous mettra à même de les apprécier et de juger les mesures qu'il y a à prendre à l'égard de chacun d'eux dans l'intérêt de la paix publique et de la sécurité sociale.

« Agréez, M. le Préfet, la nouvelle assurance de mes sentiments respectueux.

« Le procureur de la République,
« Gairal. »

Par arrêté de M. Dufay, du 4 février 1852, les nommés : Pascal Martin-Pessartou, Louis Atgé, Louis-Léopold Gasc, Bernard Larfaillou, détenus politiques furent mis en liberté. Les autres furent déportés ou internés.

Les nommés Courtès, Bessières, Doucet et Castéras, tous de Moissac, et qui se trouvaient détenus dans les prisons de Toulouse, reçurent l'ordre de quitter le territoire français, en vertu de la décision de la Commission mixte du département de Tarn-et-Garonne, le 18 mars 1852.

SUPPRESSION DES COMMISSIONS MIXTES

Par un décret du 28 mars 1852, les Commissions mixtes, créées pour les besoins du coup-d'Etat, furent supprimées.

Voici ce qui disait à leur sujet la *Correspondance Havas* :

« Ces Commissions ont, en effet, terminé leur travail sur les détenus politiques, depuis quelques jours. Cependant, avant de faire exécuter leurs dernières résolutions, le Prince-Président a voulu, par surcroît d'*humanité*, s'assurer que les hommes dangereux ou très coupables avaient seuls été retenus. M. Quentin Bauchart, conseiller d'Etat, vient d'être chargé d'une mission qui s'étend sur tous les départements du Midi, et qui a pour but de réviser, en quelque sorte, une dernière fois les dossiers des individus encore détenus, et de signaler ceux qui pourraient être l'objet de mesures de clémence compatibles avec l'ordre public.

« M. Quentin Bauchart a quitté Paris hier matin, 27 mars, accompagné de M. Emile Bernier, chef de cabinet de M. le garde des sceaux. »

Est-ce que l'*humanité* du Prince-Président, selon M. Havas, ne ressemblerait pas à la clémence de Louis XIII, qui faisait grâce à un condamné à mort une heure après son exécution ? Le dernier convoi des détenus politiques pour l'Algérie était parti de Toulouse le 27 mars, et ce jour-là MM. Quentin Bauchart et Emile Bernier, tous deux étrangers à notre contrée, se mettaient en route ponr le Midi, afin de vérifier les dossiers de malheureuses victimes qu'ils ne connaissaient point et qui n'étaient point admises à s'excuser ou à se justifier. Du reste, ces juges d'un nouveau genre ne sont pas venus à Toulouse ; mais il est vrai que nous y avons vu leur pareil, le 2 avril 1852, M. le colonel Espinasse.

LES TROIS CONSTITUTIONS DE BONAPARTE

Le 20 décembre 1848, Louis-Napoléon Bonaparte prêta, devant l'Assemble nationale, en qualité de président de la République française, le serment suivant :

« En présence de Dieu et devant le peuple français « représenté par l'Assemblé nationale, JE JURE de « rester fidèle à la *République démocratique une et indi-* « *visible,* et de remplir tous les devoirs que *m'impose* « *la Constitution.* »

Cette Constitution de la République française le gênait pour atteindre son but ; il en provoqua adroitement la révision. Le cas de révision était réservé dans la Constitution de 1848, en ces termes :

« CHAPITRE XI. — *De la révision de la Constitution.*

« Art. 110. Lorsque, dans la dernière année d'une législature, l'Assemblée nationale aura émis le vœu que la Constitution soit modifiée en tout ou en partie, il sera procédé à cette révision de la manière suivante :

« Le vœu exprimé par l'Assemblée ne sera converti en résolution définitive qu'après *trois délibérations suc-* *cessives,* prises chacune *à un mois d'intervalle* et *aux trois quarts des suffrages exprimés.*

« Le nombre des votants ne pourra être moindre de cinq cents.

« *L'Assemblée de révision ne sera nommée que pour trois mois.*

« *Elle ne devra s'occuper que de la révision pour la-*
quelle elle aura été convoquée.

« Néanmoins, elle pourra, en cas d'urgence, pourvoir aux nécessités législatives.

« Art. 111. L'Assemblée nationale confie le dépôt
de la présente Constitution et des droits qu'elle
consacre, à la garde et au patriotisme de tous les
Français. »

On aurait mieux fait de dire *changement de Consti-*
tution que révision. Voilà la Constitution que Louis-
Napoléon Bonaparte s'est donné, pour la trahir et la
fouler aux pieds dans l'espace de moins d'un an. Elle
fut promulguée le 14 janvier 1852, et il se fit proclamer empereur le 2 décembre suivant. Voici sa nouvelle
Constitution dans toute sa teneur :

CONSTITUTION

Faite en vertu des pouvoirs délégués par le peuple français
à Louis-Napoléon Bonaparte par le vote des 20 et 21 dé-
cembre 1851.

Le Président de la République,
Considérant que le Peuple Français a été appelé à
se prononcer sur la résolution suivante :
« Le peuple veut le maintien de l'autorité de Louis-
« Napoléon Bonaparte, et lui donne les pouvoirs néces-
« saires pour faire une Constitution d'après les bases
« établies dans sa proclamation du 2 décembre ; »
Considérant que les bases proposées à l'acceptation
du peuple étaient :
« 1° Un chef responsable nommé pour dix ans ;

« 2° Des ministres dépendant du pouvoir exécutif
« seul ;

« 3° Un Conseil d'Etat, formé des hommes les plus
« distingués, préparant les lois et en soutenant la
« discussion devant le Corps législatif ;

« 4° Un Corps législatif discutant et votant les lois,
« nommé par le suffrage universel, sans scrutin de
« liste qui fausse l'élection ;

« 5° Une seconde assemblée formée de toutes les
« illustrations du pays, pouvoir pondérateur, gardien
« du pacte fondamental et des libertés publiques ; »

Considérant que le peuple a répondu affirmative-
ment par sept millions cinq cent mille suffrages,

Promulgue la Constitution dont la teneur suit :

TITRE Ier

Art. 1er. La Constitution reconnaît, confirme et
garantit les grands principes proclamés en 1789, et
qui sont la base du droit public des Français.

TITRE II

FORME DU GOUVERNEMENT DE LA RÉPUBLIQUE

Art. 2. Le gouvernement de la République française est confié pour dix ans au prince Louis-Napoléon
Bonaparte, président actuel de la République.

Art. 3. Le président de la République gouverne au
moyen des ministres, du Conseil d'Etat, du Sénat et
du Corps législatif.

TITRE III

DU PRÉSIDENT DE LA RÉPUBLIQUE

Art. 5. Le président de la République est responsable devant le peuple français, auquel il a toujours
le droit de faire appel.

Art. 6. Le président de la République est le chef
de l'Etat, il commande les forces de terre et de mer,

déclare la guerre, fait les traités de paix, d'alliance et de commerce, nomme à tous les emplois, fait les règlements et décrets nécessaires pour l'exécution des lois.

Art. 7. La justice se rend en son nom.

Art. 8. Il a seul l'initiative des lois.

Art. 9. Il a le droit de faire grâce.

Art. 10. Il sanctionne et promulgue les lois et les sénatus-consultes.

Art. 11. Il présente tous les ans au Sénat et au Corps-législatif, par un message, l'état des affaires de la République.

Art. 12. Il a le droit de déclarer l'état de siége dans un ou plusieurs départements, sauf à en référer au Sénat dans le plus bref délai.

Les conséquences de l'état de siége sont réglées par la loi. —

Art. 13. Les ministres ne dépendent que du chef de l'Etat; ils ne sont responsables que chacun en ce qui le concerne des actes du gouvernement, il n'y a point de solidarité entre eux; ils ne peuvent être mis en accusation que par le Sénat.

Art. 14. Les ministres, les membres du Sénat, du Corps législatif et du Conseil d'Etat, les officiers de terre et de mer, les magistrats et les fonctionnaires publics prêtent le serment ainsi conçu :

Je jure obéissance à la Constitution et fidélité au président.

Art. 15. Un sénatus-consulte fixe la somme allouée annuellement au président de la République pour toute la durée de ses fonctions.

Art. 16. Si le président de la République meurt avant l'expiration de son mandat, le Sénat convoque la Nation pour procéder à une nouvelle élection.

Art. 17. Le chef de l'Etat a le droit, par un acte secret et déposé aux archives du Sénat, de désigner au peuple le nom du citoyen qu'il recommande, dans l'intérêt de la France, à la confiance du peuple et à ses suffrages.

Art. 18. Jusqu'à l'élection du nouveau président

de la République, le président du Sénat gouverne avec le concours des ministres en fonctions, qui se forment en conseil de gouvernement et délibèrent à la majorité des voix.

TITRE IV

DU SÉNAT

Art. 19. Le nombre des sénateurs ne pourra excéder cent cinquante : il est fixé pour la première année à quatre-vingts.

Art. 20. Le Sénat se compose :

1° Des cardinaux, des maréchaux, des amiraux ;

2° Des citoyens que le président de la République juge convenable d'élever à la dignité de sénateur ;

Art. 21. Les sénateurs sont *inamovibles et à vie.*

Art. 22. Les fonctions de sénateur *sont gratuites* ; néanmoins le président de la République pourra accorder à des sénateurs, en raison des services rendus et de leur position de fortune, une dotation personnelle qui ne pourra excéder trente mille francs par an.

Art. 23. Le président et les vice-présidents du Sénat sont nommés par le Président de la République et choisis parmi les sénateurs.

Ils sont nommés pour un an.

Le traitement du président du Sénat est fixé par un décret.

Art. 24. Le Président de la République convoque et proroge le Sénat. Il fixe la durée de ses sessions par un décret.

Les séances du Sénat ne sont pas publiques.

Art. 25. Le Sénat est le gardien du pacte fondamental et des libertés publiques. Aucune loi ne peut être promulguée avant de lui avoir été soumise.

Art. 26. Le Sénat s'oppose à la promulgation :

1° Des lois qui seraient contraires ou qui porteraient atteinte à la Constitution, à la religion, à la morale, à la liberté des cultes, à la liberté individuelle, à l'égalité des citoyens devant la loi, à l'invio-

labilité de la propriété et au principe de l'inamovibi-
lité de la magistrature ;

2° De celles qui pourraient compromettre la défense
du territoire.

Art. 27. Le Sénat règle par un sénatus-consulte :

1° La constitution des colonies et de l'Algérie ;

2° Tout ce qui n'a pas été prévu par la Constitution
et qui est nécessaire à sa marche ;

3° Le sens des articles de la Constitution qui don-
nent lieu à différentes interprétations.

Art. 28. Ces sénatus-consultes seront soumis à la
sanction du Président de la République, et promul-
gués par lui.

Art. 29. Le Sénat maintient ou annule tous les
actes qui lui sont déférés comme inconstitutionnels
par le gouvernement, ou dénoncés pour la même
cause par les pétitions des citoyens.

Art. 30. Le Sénat peut, dans un rapport adressé
au Président de la République, poser les bases des
projets de loi d'un grand intérêt national.

Art. 31. Il peut également proposer des modifications à la Constitution. Si la proposition est adoptée
par le pouvoir exécutif, il y est statué par un sénatus-
consulte.

Art. 32. Néanmoins, sera soumise au suffrage universel toute modification aux bases fondamentales de
la Constitution, telles qu'elles ont été posées dans la
proclamation du 2 décembre et adoptées par le peuple
français.

Art. 33. En cas de dissolution du Corps législatif,
et jusqu'à une nouvelle convocation, le Sénat, sur la
proposition du Président de la République, pourvoit,
par des mesures d'urgence, à tout ce qui est nécessaire à la marche du gouvernement.

TITRE V

DU CORPS LÉGISLATIF

Art. 34. L'élection a pour base la population.

Art. 35. Il y aura un député au Corps législatif à raison de trente-cinq mille électeurs.

Art. 36. Les députés sont élus par le suffrage universel sans scrutin de liste.

Art. 37. *Ils ne reçoivent aucun traitement.*

Art. 38. Ils sont nommés pour six ans.

Art. 39. Le Corps législatif discute et vote les projets de loi et d'impôt.

Art. 40. Tout amendement adopté par la commission chargée d'examiner un projet de loi, sera renvoyé, sans discussion, au Conseil d'Etat par le président du Corps législatif.

Si l'amendement n'est pas adopté par le Conseil d'Etat, il ne pourra pas être soumis à la délibération du Corps législatif.

Art. 41. Les sessions ordinaires du Corps législatif durent trois mois ; ses séances sont publiques, mais la demande de cinq membres suffit pour qu'il se forme en comité secret.

Art. 42. Le compte-rendu des séances du Corps législatif par les journaux ou tout autre moyen de publication ne consistera que dans la reproduction du procès-verbal dressé à l'issue de chaque séance par les soins du président du Corps législatif.

Art. 43. Le président et les vice-présidents du Corps législatif sont nommés par le Président de la République pour un an ; ils sont choisis parmi les députés. Le traitement du président du Corps législatif est fixé par un décret.

Art. 44. Les ministres ne peuvent être membres du Corps législatif.

Art. 45. Le droit de pétition s'exerce auprès du Sénat. Aucune pétition ne peut être adressée au Corps législatif.

Art. 46. Le Président de la République convoque,

ajourne, proroge et dissout le Corps législatif. En cas de dissolution, le Président de la République doit en convoquer un nouveau dans le délai de six mois.

TITRE VI
DU CONSEIL D'ÉTAT

Art. 47. Le nombre des conseillers d'Etat en service ordinaire est de quarante à cinquante.

Art. 48. Les conseillers d'Etat *sont nommés par le Président de la République et révocables par lui.*

Art. 49. Le Conseil d'Etat est présidé par le Président de la République et, en son absence, par la personne qu'il désigne comme vice-président du Conseil d'Etat.

Art. 50. Le Conseil d'Etat est chargé, sous la direction du Président de la République, de rédiger les projets de loi et les règlements d'administration publique, et de résoudre les difficultés qui s'élèvent en matière d'administration.

Art. 51. Il soutient, au nom du gouvernement, la discussion des projets de loi devant le Sénat et le Corps législatif.

Les conseillers d'Etat chargés de porter la parole au nom du gouvernement sont désignés par le Président de la République.

Art. 52. Le traitement de chaque conseiller d'Etat est de 25,000 fr.

Art. 53. Les ministres ont rang, séance et voix délibérative au Conseil d'Etat.

TITRE VII
DE LA HAUTE-COUR DE JUSTICE

Art. 54. Une Haute-Cour de justice juge, sans appel ni recours en cassation, toutes personnes qui auront été renvoyées devant elle comme prévenues de crimes, attentats ou complots contre le Président de la République et contre la sûreté intérieure ou extérieure de l'Etat.

Elle ne peut être saisie qu'en vertu d'un décret du Président de la République.

Art. 55. Un sénatus-consulte déterminera l'organisation de cette Haute-Cour.

TITRE VIII

DISPOSITIONS GÉNÉRALES ET TRANSITOIRES

Art. 56. Les dispositions des codes, lois et règlements existants, qui ne sont pas contraires à la présente Constitution, restent en vigueur jusqu'à ce qu'il y soit légalement dérogé.

Art. 57. Une loi déterminera l'organisation municipale. Les maires seront nommés par le pouvoir exécutif, et pourront être pris hors du conseil municipal.

Art. 58. La présente Constitution sera en vigueur à dater du jour où les grands corps de l'Etat qu'elle organise seront constitués.

Les décrets rendus par le Président de la République, à partir du 2 décembre jusqu'à cette époque, auront force de loi.

Fait au palais des Tuileries, le 14 janvier 1852.

LOUIS-NAPOLÉON.

Vu et scellé du grand sceau :

Le garde des sceaux, ministre de la justice,

E. ROUHER.

Enfin, arrive la *Constitution de l'Empire*, qui a été, à son tour, modifiée et violée par le gouvernement impérial.

Donc trois Constitutions violées!...

DOCUMENTS ET NOTES HISTORIQUES

Nous avons extrait d'un recueil manuscrit les notes suivantes, qui trouvent leur place dans ce volume.

« M. Mulé, signataire de la protestation du 3 décembre 1851, ayant appris qu'un mandat d'amener avait été lancé contre lui, se décida à se soustraire par la fuite aux poursuites qui le menaçaient. Sur ces entrefaites, sa mère, que le chagrin consumait, mourut, et il se vit refuser la suprême consolation de lui donner le dernier adieu. Condamné par la Commission mixte à la peine de l'internement, la ville d'Ax, du département de l'Ariége, lui fut assignée pour résidence. Il vivait paisiblement dans cette petite ville en compagnie de son ami Béni Barde, lorsque le président de la République entreprit son voyage dans le Midi. Déjà l'Empire était fait dans l'esprit du parjure Bonaparte ; mais il était besoin d'une occasion favorable qui permît de le ressusciter au grand jour. Maupas et Collet-Meygret inventèrent le fameux complot de Marseille, ce fameux complot si vite né, si vite abandonné, dont l'instruction secrète n'a laissé aucune trace dans les dossiers judiciaires du temps. La terreur, qui avait présidé à la violation de la Constitution républicaine, devait aussi présider à la proclamation de l'Empire. C'était dans l'ordre des choses réglé par le cérémonial bonapartiste. Les habitudes de la dynastie comportaient de ces coups de force odieux.

« Une nuit, M. Mulé fut réveillé par le préfet de
l'Ariége, M. Didier, faisant irruption dans sa chambre
à la tête de nombreux agents de police ; il fut arrêté,
sans mandat régulier et sans motif, et placé sur un
char-à-bancs, à côté de Béni Barde et du docteur Sicre ;
il fut dirigé sur Foix, où il entra, en plein midi, les
menottes aux poings, comme un forçat en rupture de
ban. Durant *quarante jours*, écroué dans les tours cé-
lèbres qui dominent la ville, il attendit avec ses amis
politiques sa comparution devant un tribunal de justice ; mais *Justice* et *Empire* se sont toujours contredits.
Les magistrats de Bonaparte étaient aussi ses valets.

« Quant il sortit de prison, brisé par la maladie, le
juge d'instruction n'ayant pu relever la plus minime
charge contre d'honorables citoyens, M. Mulé apprit
qu'une décision du ministre de l'intérieur lui en-
joignait de se rendre à Châteaubriand, au cœur de la
Vendée. Ses forces trahirent sa volonté énergique.
Transporté à Toulouse, il résida quelque temps au milieu de sa famille désolée, jusqu'à ce que le préfet de
la Haute-Garonne lui fit signifier un ordre de départ.
Deux docteurs médecins de Toulouse, M. de Saintis,
chirurgien militaire, et M. Desbarreaux-Bernard, cons-
tatèrent, dans un rapport rédigé à l'avance par le commissaire central, que M. Mulé pouvait supporter les
fatigues du voyage (ce document existe dans le dossier
de M. Mulé).

« M. Mulé ne put aller plus loin qu'à Montauban,
étant à bout de forces. C'est là, durant son séjour, que
vint le trouver la nouvelle de ce que les journaux

agréables de l'époque appelèrent *sa grâce*, à l'occasion du mariage de Bonaparte avec Mlle de Montijo.

« Rendu à l'affection des siens, à la sympathie de ses concitoyens, M. Mulé devait à quelques années de là voir s'appesantir de nouveau sur lui la main de l'homme du 2 décembre, *coupable*, lorsque tant d'autres se trouvaient si bien *des rastels de l'Empire*, de rester fidèle aux opinions de toute sa vie. La loi de la sûreté générale le jeta en Afrique, en proie aux cruelles épreuves de la transportation... »

Une réponse de Bonaparte

Voici un document qui peut servir de conclusion naturelle à tout récit du coup-d'Etat :

Louis-Napoléon Bonaparte reçut le résultat général du vote du plébiscite le 31 décembre 1851 ; il lui fut présenté par la *Commission consultative*, dont M. Baroche était l'organe. Après le discours prononcé par ce dernier, Louis-Napoléon répondit :

« Messieurs,

« La France a répondu à l'appel loyal que je lui avais fait. Elle a compris que *je n'étais sorti de la légalité que pour rentrer dans le droit* (1). Plus de sept millions de suffrages VIENNENT DE M'ABSOUDRE (2) en jus-

---

(1) Quel aveu forcé !...

(2) Il se reconnaît lui-même CRIMINEL. *De m'absoudre !...* Est-ce que la question de son parjure, de sa conspiration, de la violation des gens et des domiciles, des assassinats des 2 et 3 décembre 1851, a été posée à la Nation dans le plébiscite du 2 décembre

tifiant un acte qui n'avait d'autre but que d'épargner à la France et à l'Europe peut-être des années de troubles et de malheurs (Vives marques d'assentiment).

« Je vous remercie d'avoir constaté officiellement combien cette manifestation était nationale et *spontanée*.

« Si je me félicite de cette immense adhésion, ce n'est pas par orgueil, mais parce qu'elle me donne la force de parler et d'agir ainsi qu'il convient au chef d'une grande nation comme la nôtre (Bravos répétés).

« Je comprends toute la grandeur de ma mission nouvelle, je ne m'abuse pas sur ces grandes difficultés. Mais avec un cœur droit, avec le concours de tous les hommes de bien qui, ainsi que vous, m'éclaireront de leurs lumières et me soutiendront de leur patriotisme, avec le dévouement éprouvé de notre vaillante armée, enfin, avec cette protection que demain je prierai solennellement le Ciel de m'accorder encore (Sensation prolongée), j'espère me rendre digne de la confiance que le peuple continue de mettre en moi (Vive approbation).

« J'espère assurer les destinées de la France en fondant des institutions qui répondent à la fois et *aux instincts démocratiques de la nation* et à ce désir exprimé universellement d'avoir désormais un pouvoir fort et respecté (Adhésions chaleureuses). En effet, donner

1851?... Non. Donc il n'est pas absout de ses crimes. Est-ce que ses complices avaient le droit de lui pardonner le mal qu'il a fait aux autres? — Pour se rappeler la question posée dans le plébiscite, voyez à la page 41.

satisfaction aux exigences du moment en créant un système qui constitue l'autorité sans blesser l'égalité, sans fermer aucune voie d'amélioration, c'est jeter les véritables bases du seul édifice capable de supporter plus tard une liberté sage et bienfaisante. »

Des cris de : *Vive Napoléon !... Vive le Président !...* se firent entendre..., etc. (*Moniteur.*)

RÉPONSE : *Le coup-d'Etat du 2 décembre 1851 ; les proscriptions de 1858 ; le 2 novembre 1868 ; et, enfin, la trahison de Sédan.*

———

Une remarque dédiée aux Magistrats de Bonaparte

Un agent de la police secrète, *extrait on ne sait d'où,* FAISAIT FOI en justice par sa simple déclaration !... Un nombre considérable de témoins honorables, bien connus, n'avaient aucune autorité devant les magistrats de Bonaparte. « *Vous contestez le procès-verbal de cet agent de* L'AUTORITÉ*?... — Oui !... — Alors, inscrivez-vous en faux !* répondait-on.

———

Les Proscrits de la Haute-Garonne en 1858

M. C. West, préfet, révoqué en 1859.

M. Gastambide, procureur général près la Cour.

M. Albert Villeneuve, procureur impérial.

M. Ferray, général de division.

Dans la nuit du 24 au 25 février 1858, la police arrêta, pour les emprisonner, les citoyens dont les noms suivent, à la seule fin d'obéir à la circulaire de M. Espinasse, ministre de l'intérieur :

MM. Mulé (Bernard), ancien représentant du peuple à la Constituante ;

Pégot-Ogier (Jean-Baptiste), ancien représentant du peuple à la Constituante ;

Rolland (Etienne), tailleur de pierres ;

Gaillard (Gabriel), cordonnier à Toulouse ;

Cantegril (Jean) dit *Grillou*, boucher ;

Cazalas (Paul), fabricant de chapeaux ;

Rivière, cordonnier, mort en exil ;

Vidal (Laurent), cordonnier à Toulouse ;

Milhau (Jean-Guillaume), typographe, revenu presque aveugle de son premier exil, vendant des alumettes à Toulouse !...

Godoffre (Henri), homme d'affaires.

Ce fut dans la nuit du 22 mars 1858, à deux heures du matin, que les nouveaux proscrits de Toulouse sortirent de la prison de Saint-Michel pour prendre place, au nombre de dix, dans la voiture cellulaire, pour être conduits au chemin de fer, et de là en Afrique.

CONCLUSIONS

Il résulte donc, de tous les documents officiels et authentiques, que le coup-d'Etat était parfaitement combiné et arrêté d'avance par Louis-Napoléon Bonaparte et ses complices, hommes sur lesquels il était en droit de compter, s'étant au préalable assuré leur concours.

Cette conspiration, parfaitement organisée, a éclaté à jour fixe dans toute la France, comme celle de la Saint-Barthélemy, le 24 août 1572. Le 2 décembre 1851, jour néfaste dans notre histoire, fut choisi pour exécuter ce coup de main criminel à Paris, et le lendemain, 3 décembre, pour l'étendre sur toute la France. On arrêta les républicains auxquels on ne pouvait reprocher qu'une chose : d'être restés fidèles à leur conviction, en défendant la Constitution que les Représentants de la Nation avaient donnée au pays.

A Toulouse, nonobstant la liste *des individus à enlever*, dressée à l'avance, on avait un prétexte de sévir contre un certain nombre de citoyens : celui de la signature de la protestation contre le coup-d'Etat et contre la violation de la représentation nationale, document publié par *l'Émancipation* et *la Civilisation*, journaux républicains imprimés à Toulouse, et que nous avons reproduit à la page 34. Mais, ailleurs, ce prétexte n'existait pas, et pourtant les arrestations en nombre, les emprisonnements, les déportations et les internements eurent lieu dans les mêmes conditions et à la même époque. Les citoyens qu'on traitait d'insurgés et d'hommes dangereux étaient généralement d'honorables pères de famille, des chefs de maisons de commerce ou d'industrie. On n'avait aucun égard, aucune pitié. Rien n'était pris en considération, ni justice, ni famille, ni carrière, ni intérêts. En un mot, *rien*.

Les Commissions mixtes, nommées par les complices de l'homme du 2 décembre, dans un seul arrêté pour les départements, étaient composées de trois fonctionnaires publics, recevant leur solde du budget de l'Etat, tous dévoués à la cause qu'ils devaient faire réussir. Ces hommes, étrangers pour la plupart à la contrée où ils siégeaient, se prononçaient sur le sort de milliers de personnes, et cela au mépris de la justice ordinaire de la France civilisée, sur de simples rapports d'une police occulte, non d'une ancienne police municipale, mais d'une police de coup-d'Etat instituée pour ce coup de main.

Ces Commissions, dont un procureur de la République faisait toujours partie, recevaient des instructions des complices de l'homme de Strasbourg et de Boulogne, qui dictaient des pénalités, au mépris de celles consignées dans le Code pénal français. La besogne terminée, ces Commissions furent supprimées, par un décret de l'homme satisfait, le 28 mars 1852.

Ces serviteurs reçurent peu de temps après la récompense de leur dévouement, les uns furent décorés et les autres obtinrent *un avancement*, et par conséquent une augmentation de traitement.

Les décisions de ces Commissions, prises contre des citoyens qui n'étaient admis à se défendre, furent ensuite contrôlées par des envoyés sûrs, non pas par humanité, comme l'insinuait la *Correspondance Havas*, mais pour être bien convaincu que les ordres donnés avaient été fidèlement exécutés.

Oui, tout avait été bien exécuté, la correspondance trouvée aux Tuileries l'établit suffisamment : 26,642 citoyens furent incarcérés, dont 14,118 déportés, bannis ou détenus ; les autres internés ou surveillés.

Des déportations, dans les mêmes conditions, eurent lieu en 1858, et une plus forte encore était préparée, dans toute la France, pour le 5 septembre 1870. La liste dressée par la police impériale pour le département de la Haute-Garonne, dépasserait, dit-on, le chiffre de douze cents ; elle a été saisie après la proclamation de la République.

Maintenant, c'est aux républicains de faire leur devoir.

La magistrature n'est pas plus inamovible que le Sénat !...

Alphonse BREMOND.

www.ingramcontent.com/pod-product-compliance
Lightning Source LLC
Chambersburg PA
CBHW072041080426
42733CB00010B/1961